小白马

演讲与口才
杂志社◎主编

给孩子
受用一生的
口才课

会沟通·塑造高情商

百花洲文艺出版社
BAIHUAZHOU LITERATURE AND ART PRESS

图书在版编目（CIP）数据

给孩子受用一生的口才课．会沟通，塑造高情商 /
演讲与口才杂志社主编．— 南昌：百花洲文艺出版社，
2020.10
ISBN 978-7-5500-3803-5

Ⅰ．①给… Ⅱ．①演… Ⅲ．①口才学－青少年读物
Ⅳ．① H019-49

中国版本图书馆 CIP 数据核字（2020）第 141756 号

给孩子受用一生的口才课·会沟通，塑造高情商
GEI HAIZI SHOUYONG YISHENG DE KOUCAIKE·HUI GOUTONG,SUZAO GAO QINGSHANG

演讲与口才杂志社　　主编

出 版 人　章华荣
出 品 人　李国靖
特约监制　陈美珍
责任编辑　游灵通
特约策划　马月敏
特约编辑　马月敏
封面设计　书周 书籍装帧设计 QQ:2450277745
版式设计　赵梦菲
内文插图　谢　嘉
出版发行　百花洲文艺出版社
社　　址　南昌市红谷滩世贸路 898 号博能中心Ⅰ期 A 座 20 楼
邮　　编　330038
经　　销　全国新华书店
印　　刷　三河市金元印装有限公司
开　　本　680mm×970mm　　1/16
印　　张　13.75
字　　数　113 千字
版　　次　2020 年 10 月第 1 版第 1 次印刷
书　　号　ISBN 978-7-5500-3803-5
定　　价　38.00 元

赣版权登字：05-2020-123

目 录
contents

人人都会说话，但说话的水平却各有不同，有人口若悬河，有人却胸无点墨；有人言简意赅却能直击要害，有人废话连篇让人不知所云；有人说话如春风拂面，有人说话如寒风刮骨。会说话，是一门技巧，更是艺术。

目　录

第二章

会沟通，要说到点子上

任何话语都可以从不同的角度去表达，有时候我们说了很多，却始终无法起到作用，这时我们要反思一下，是不是没有把话说到点子上。把话说到点子上，我们的话语才能够说到别人的心里去。

第三章

会沟通，要考虑他人

在日常生活和学习中，我们难免要与人沟通，但沟通的成功与否，往往和我们的态度有很大关系。培根说过："和蔼可亲的态度是永远的介绍信。"想要良性沟通，我们要善于考虑他人感受，从他人立场出发。

目　录

第四章

会沟通，要懂得赞美

　　美国著名心理学家威廉·詹姆斯说："人类本性上最深的企图之一是期望被赞美、钦佩、尊重。"在谈话时，适时给予别人真诚的赞美和夸奖，别人会感到喜悦和兴奋，而你也会从中感到快乐，这有助于加深双方的感情，从而使谈话顺利进行。

第五章

会沟通，要学会玩幽默

萧伯纳说过："没有幽默感的语言是篇公文，没有幽默感的人是尊雕像，没有幽默感的家庭是间旅店，没有幽默感的社会更是不敢想象的。"如果人人都有幽默感，那纷争何愁不会化解，隔阂何愁不会消除？

第一章

会沟通，要先会说话

人人都会说话，但说话的水平却各有不同，有人口若悬河，有人却胸无点墨；有人言简意赅却能直击要害，有人废话连篇让人不知所云；有人说话如春风拂面，有人说话如寒风刮骨。会说话，是一门技巧，更是艺术。

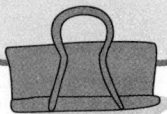

在人与人的交往中，沟通力应该是最重要的一项能力。可能有人会说，我这人天生内向，我不太喜欢跟人打交道，或者我觉得自己才华不够，跟人交流有点自卑和怯场，我这辈子更愿意当个倾听者不行吗？那么这里就有个误区，沟通力不是一定要让你能言善辩、高谈阔论，而是要掌握说话的基本规则和技巧。语言是人类的基本技能，不掌握这个技能，你将寸步难行。

还有一些人认为，说话还要学吗？人一张嘴就能说话，应付正常生活和人际交往足够了。但是我们从蹒跚学步到咿呀学语，从小看图识字，学习加减乘除，背九九乘法表，这些看似最基本的能力哪一样不要学呢？跟九九乘法表一样，说话也有它基本的规则和要求，我们学习之，并形成说话的良好习惯，才能敢说话、会说话。

1. 敢说，是成功的第一步

卡耐基说："一个人的成功，百分之八十五取决于沟通。"而主动正是沟通的基本要求。什么是主动沟通？就是要学会主动表达，主动反馈，主动回应。敢说者必将赢得更多的机会，为自己的成功加码。

青年时期的徐悲鸿考入大学后，其优雅的谈吐给校长留下了很好的第一印象。此后，校长不仅时常勉励他，还在各方面对他进行帮助。大学毕业后，徐悲鸿去法国留学。

在一次茶话会上，他认识了法国当时最著名的画家达仰·布佛莱。徐悲鸿勇敢地上前说："先生，我是来自东方国度的穷学生，您是负有盛名的大画家，但艺术不分国界，我十分仰慕您的才华，所以很希望成为您的学生，得到您的教诲。"达仰·布佛莱对这个诚恳朴实、彬彬有礼的中国青年很有好感，于是立即将自己的画室地址给了徐悲鸿。从此徐悲鸿得到了大师的精心指导，提升了自己的画技。

汤姆森说："发生在成功人物身上的奇迹，至少有一半是由口才创造的。"徐悲鸿能取得成功，不仅得益于高超的绘画技能，也和他良好的语言表达能力有关。茶话会上，徐悲鸿因一句"希望成为您的学生，得到您的教诲"，从而获得了达仰先生的关注和好感。如果他沉默寡言，不主动去争取，恐怕就不会引起别人的注意，也会错失许多机会。

　　著名数学家庞加莱中学毕业后，报考巴黎综合工科学校，数学成绩第一名，但他的几何作图部分却是零分，偏科严重。考官们打算放弃他。庞加莱找到主考官，说："我在中学时期，两次获得过数学竞赛头等奖，难道这还不能证明我的数学天赋吗？40多年前，数学天才伽罗瓦曾经报考这所学校，但当时的主考官因为自己的偏见放弃了他。今天，你们难道就因为我不会作图，而让历史重演吗？"主考官被他的话打动，最终录取了他。

　　面临被放弃的局面，如果庞加莱不去争取，那么他在数学道路上就会多走很多弯路。他敢说敢言，为自己赢得了上学的机会，也让自己的人生道路更加平坦。敢说者赢机会，但机会不是树上的苹果，伸手就能够着，它需要你去努力争取。怎么争取？除了在行动上努力，更需要你勇于表达自己，敢于说出自己的优势和想法，让别人看到你的闪光点，这样你才能创造奇迹！

一位著名制片人想做一档节目，台领导却说这种节目缺乏可操纵性，"以后别再提了"。制片人不放弃，他先精心做出策划，又去找领导，说："我仔细分析过了，这个节目操作起来难度并不是那么大，这是我们的方案，您看看！只要您同意，我敢保证，这个节目一定大获成功！"台领导被他的执着所打动，最终同意了他的意见。随后这档节目火遍全国，制片人也声名大涨。有人问他："领导都否决了，你怎么还敢去说呢？"制片人说："你的想法，别人未必能全理解。当别人一否决，你就不敢再说了，那机会就永远没有了。"

但丁说："语言作为工具，对于我们之重要，正如骏马对骑士的重要。"面对同样一个机会，别人只是想做，而你是"非常想做，坚决做好"，机会会属于谁？显然你的赢面更大。敢说，其实是在向别人表达自己的决心和意志，让别人知道你是多么热切地期望去做这件事！如果一件事，只是遇到一点否定的声音，你就不敢再提再说了，谁会把机会给你！

——材料选自周桅、姚远《奇迹都是敢说者创造的》

主编提点：

徐悲鸿敢说拜得名师；

庞加莱敢说被名校录取；

制片人敢说赢得成功机会。

总结：敢说话是成功的第一步。

2. 敢说，才会赢来更多机会

光练不说傻把式。别人怎么了解你？除了看你的行动，更要听你的话语。我们不仅要做一个行动者，更要做一个表达者，这样才能赢得更多人的支持和信任，赢得更多的机会！

英国政治家阿丁顿很有才能，十分勤奋，却不喜欢说话。朋友们劝他练习一下口才，他却说："我把事情做好就够了！"后来，国王决定任命他为首相。朋友们又劝他："现在，你必须练习演讲，提升口才了！"他说："我会努力做好所有的工作，解决大家的问题。我相信，大家会信任我的！"上任后，他一头扎进了工作中。议会向他询问施政方针，他却忙于具体的工作，无暇回应；民众想了解他将如何解决国内的问题，他依然不愿去解释。虽然他的工作在稳步推进，可却把议会和民众都惹恼了，人民对他意见越来越大。最终，他不得不让出了首相的宝座。

我不说又不代表我没做！

一位首相的施政方针想要见到效果显然需要一些时间，可不善言辞的阿丁顿又不肯去跟议会和民众解释。他的一系列措施虽然做得很好，但还没等到效果显现就先惹恼了议会和民众，丢失了首相的宝座。民间有句俗话叫"光练不说傻把式"，你做得再好，不会说，别人也很难看到你的努力和成效，你也就很难得到别人的认可。

因为一次意外，潘光旦失去了一条腿。但他身残志坚，发愤图强，学习成绩非常优异。他觉得以自己的成绩怎么也能争取到去美国留学的资格，可校长却说："不太好吧，美国人会想到我们中国两条腿的人不够多，把一条腿的都送出来了。"潘光旦郁闷不已，舍友劝他说："校长否定了你，你就放弃了吗？你不争取，永远都不会有机会！"恰在此时，学校换了一位新校长，潘光旦马上去找新校长，说："我知道自己身有残疾，但是，一条腿的人对出洋留学犹且如此不肯放松，不正能给其他健全的人做个榜样吗？"他的一番话打动了新校长。最终，潘光旦取得了留学资格。

潘光旦的成绩很好，但他还是因为身体上的残疾而被否定。他不放弃，凭借出众的口才据理力争，才赢得了出国的机会。你做得好就一定会有机会吗？未必。在当今这个竞争越来越激烈的社会，做得好的人很多，而机会却很少。做得好，是我们赢得机会的基础；说得好，善于表达自己，赢得他人的认可，是我们得到机会不可或缺的手段。在这个"狼多肉少"的时代，机会永远属于敢于大声开口说话去争取的人！

大鹏要拍《煎饼侠》。他精心打造了剧本，请来专业的团队和众多明星加盟。可电影在立项报批时，却没有通过。大鹏没有气馁，而是给国家新闻出版广电总局电影局的局长写信，说："在《煎饼侠》电影里，这群年轻人没有明星资源，只能用各种各样狼狈的方式去'蹭'明星，来应对资金不足和突如其来的各种状况。这有点像现阶段的我，我是第一次筹备一部电影，才发现原来从想到实现，中间还隔着千山万水，但是我愿意像电影里的主人公一样，为了自己的电影，全力以赴！"最终，《煎饼侠》顺利通过了审批！

大鹏为了自己的电影做了很多事，付出了很多努力，如果他不去表达出来，谁看得到？谁能理解他？而他大胆地说出来，赢得了机会。你做得好，别人就一定能看到吗？你付出多，别人就一定能理解你、支持你吗？酒香也怕巷子深，做得好，酿出美酒，还要说得好，善于吆喝，这样才能赢得机会！

光练不说傻把式。别人怎么了解你？除了看你的行动，还要听你的话语。我们不仅要做一个行动者，还要做一个表达者，这样才能赢得更多人的支持和信任，赢得更多的机会！

——材料选自亚明辉《光说不练傻把式》

主编提点：

阿丁顿有能力，但是不善言辞，丢失首相宝座；潘光旦学习好，又敢于表达自己的诉求，赢得出国机会；大鹏精心打造了剧本，又善于表达自己的观点，帮助电影过审。

总结：一个人想要成功，不光要有能力，敢于行动，还要敢说话，善于用沟通和表达为自己争取机会！

3. 说话，要从心出发

很多人都以为，沟通是一种讲话的技巧，其实这样说是不恰当的。一个人的心态不对，他的嘴就是像安了弹簧一样也没有用，所以沟通的基本问题其实是心态的问题。人一旦自私、自我、自大起来，就很难与别人沟通。凡事先替人着想，对事不对人，真诚沟通则常常会让沟通顺畅愉悦。

昔日，吴王阖闾出师伐越，败于越境，身中箭伤而薨。临终，遗令太子日后报仇。太子夫差立，清心寡欲，日日上朝，遇事询于众臣，更倚重先王旧臣伍子胥，必雪前耻。国力日盛，不久再度伐越，势如破竹，越王投降，越国几破，终雪国耻。

然而，就在此时，夫差已现骄傲之兆，竟不听伍子胥苦谏，准了越王的求和，偕着越王回国了。日后越发骄纵，目空一切，更要远征齐国，争中原霸主。可他却对越王放松了戒备，居然同意了越王归国的请求。就在夫差伐齐前夕，伍子胥再次劝告他注意越国，小心戒备，可惜夫差再次置若罔闻，甚至赐伍子胥自刭。

终于，悲剧发生了。就在吴师北上、国都空虚之际，越王勾践乘机攻吴，吴留守太子战死，吴王回救，勉强求和。从此吴王一蹶不振，在最后一次吴越之战中，兵败自刎，吴国灭亡。

我要称霸中原，你去自刭吧，别挡我的路。

放走越王，讨伐齐国，甚至想争霸中原，还一次次无视伍子胥的劝告，夫差这样的想法和做法就是自大。无论是治理国家还是在日常交际中，自大都会以各式各样的面目出现，它像一块绊脚石，造成了许多阻碍，使人本身的辨别力不敏锐，理性便无法发挥正常的作用。我们在与人交际的过程中，一定要避免自大，端正自己的态度。

越南战争中，一个美国士兵打完仗后回到国内。在旧金山的一家旅馆里，他辗转反侧，夜不能寐。午夜，他给家中的父母打了一个电话，问父母是否可以带一个在战争中因为踩了地雷而少了一条腿和一只手的朋友回家。父母听完以后，直接表达了这会给他们的生活带来麻烦，拒绝了这个士兵带这个朋友回家的建议。父母在家等了许多天，未见儿子回来。

一个星期后，他们接到警察局打来的电话，被告知他们的儿子跳楼自杀了。悲痛欲绝的父母飞到旧金山，在停尸房内，他们认出了他们的儿子，然而，他们惊愕地发现，他们的儿子少了一条腿、一只手。

士兵的父母怕孩子带回的这个"少了一条腿和一只手的朋友"影响他们的生活，自私地拒绝了孩子的建议。他们不会想到，正是因为他们的自私，让在战场上受伤的儿子意识到自己在家人眼中是个累赘，所以儿子选择了跳楼，从此天人永隔。

一位妈妈抱着不满周岁的儿子去购物，她刚拿了一瓶婴儿沐浴露，就有个店员走过去问她："您需要这瓶沐浴露吗？"这个妈妈说："是啊。""我帮您拿到柜台去。"说罢店员就拿走了沐浴露。店员"有眼力见儿"的举动，可以让这个妈妈空出手来选购其他物品。一会儿，这位妈妈又选购了几件物品。每选一件，这个店员都会去询问，并且帮这个妈妈把物品拿到柜台。当这个妈妈去结账的时候，店员似乎又看到了这位妈妈脸上的为难（抱着孩子提不了这么多东西），于是又说："女士，您照看好孩子就可以，我帮您把东西拎到您的车上去吧。"

从店铺到停车场路程并不遥远，但是店员的举动却解决了抱孩子的妈妈的困难。如果店员视若无睹，这位妈妈就要一手抱孩子，一手拎重物，十分不方便，谁都知道这对一个妈妈来

说有多难。但正是店员及时和这位妈妈进行沟通，贴心地解决了她的困难，不仅让这位妈妈在店里买到了更多物品，还让她感受到了店员的温暖。

主编提点：

夫差自大，不听他人劝告，导致吴国灭亡；士兵的父母自私，认为身体残缺的人会成为累赘，导致儿子跳楼；店员真诚，又贴心地解决顾客的问题，沟通顺利。

总结：我们要端正心态，杜绝自私、自我、自大的心理，真诚地与人沟通，这样我们一定会收获更多的朋友。

4. 说话，要完整、清楚、有条理

　　说话不容易，然而语言又是人与人之间沟通的桥梁。因此，要能达到双方沟通的效果，说话就必须有要领，否则就会有"做人难，难做人"之苦。那么，要如何说话呢？最主要的就是做到完整、清楚、有条理。

　　一天，班主任交代文艺委员办个板报，说时间急、任务重，第二天学校领导会组织评比。文艺委员冥思苦想，和其他同学利用放学后的时间，结合当今时事，办了个他们自以为很满意的板报。文艺委员本以为他们辛苦办的板报能进前三名，没想到却获得了倒数第一。原来，学校通知的板报主题是校庆，但他们的板报主题却是保护动物，和学校通知的主题差了十万八千里。学习委员和其他办板报的同学都特别委屈。

出现这样的失误，主要还是因为班主任没有交代完整。班主任在下达办板报的通知时，应该完整地说明本次板报的主题、评比时间、参评班级，如此就不会出现这样的失误。我们在与人交往的过程中也要记得说话的时候要说完整，不要让对方去猜，这样很容易产生矛盾。

有一次张恨水和好友张友鸾因工作的事发生争执，冷静下来的张恨水觉得自己有错。于是，他请一位同事帮忙，说："是我的建议不够好，为我的失态向他道歉，同时我也希望我们都能很快冷静下来，做到同时自省，这样矛盾就能很快解决。"同事却对张友鸾说："老张说他错了，同时希望不仅他能做到自省，而且你也能做到自省。"张友莺愤愤道："他的意思是说我不知省悟吗？"同事心不在焉地说："反正他就是这么说的。"张友莺气冲冲地又来找张恨水，张恨水百般解释下，误会才解开。而对那位同事，他们再也不敢亲近了。

张恨水让同事传的那句"做到同时自省"，主要的意思是向张友莺道歉，想主动示好，但同事传给张友莺的意思，就变成了张恨水还在指责和埋怨，结果，让张友莺火上加火。生活中，有些朋友闹矛盾，情绪处在余怒未消的敏感时期，此时作为传话者的我们，要认真听取，并用慎重的心态表达清楚朋友话语

能不能给我列个123？

的重心，这样既缓和了朋友间的矛盾，自己也会更有面子。

部门开总结会，老板让小陈汇报工作。小陈一个项目还没汇报完又讲起了第二个项目，第二个项目讲到一半又想起第一个项目还没收尾。就这样两小时都没汇报明白各项目的进展，总是老板问到哪里，他才想起哪里，听得周围的同事都为他着急。最后还是小陈的领导实在听不下去了，帮他捋清了各项目的进展。从那以后，老板和领导对小陈的工作能力都产生了怀疑。

对小陈来说，他差的不是工作能力，而是把话说得有条理、有逻辑的能力。我们在与人沟通的过程中经常会遇到不知道如何说或者说不出重点的问题，这时我们要理清自己的思路、提炼自己要表达的主题，把话有条理、有逻辑地说出来。

主编提点：

说话一定要完整、清楚，直奔主题，条理清晰，层层推进，逻辑性强，这样才能清楚地表达出自己想要表达的东西，吸引对方的注意力，使对方心领神会，从而达到说话的目的。

5. 说出心里话

人际交往中，发自肺腑地说话，他人自然很受用！发自肺腑的话语，关键在于真心和真诚。如果你的话能让与你沟通的人有如沐春风之感，那么你自然能收获良好的人际关系，你也就能在不知不觉中走向成功！

张晟是李光弼旧部，经历了多场恶仗，在军队中有着老资历。他对被编入郭子仪的战斗序列有些不满。一天，郭子仪听说张晟来了，便破格到营门口迎接。张晟见郭子仪全副戎装出来相迎，慌忙跪下行礼："卑职前来拜见将军，怎敢惊动将军出迎！"郭子仪将张晟引入大厅道："论年资，你是老哥，我是小弟，本不应该指挥你。只是这次消灭叛军，我被任命为节度使，就公事而言，我是一路指挥官；以私交而论，我们是亲如兄弟的战友，不应分上下。现在国家有难，若为社稷战死沙场，才真正死得其所。

你我都是四五十岁的人了，死也值得，那才不愧为一个真正的军人！"张晟听了这番话，很受感动："将军威德两重，我们当部下的，能在将军指挥下为国效力，万死不辞！我甘受驱使，别无二心！"

论公，我是指挥官；论私，我们亲如兄弟啊！

甘受驱使，别无二心！

郭子仪深知自己指挥张晟，对方不会服气，所以他没有摆长官架子，而是以诚相待，以礼相迎，没有丝毫的怠慢。温·卡维林说："推心置腹的谈话就是心灵的展示。"在谈话中以情感人，先以兄弟私交相论，再讲国家大义，郭子仪一席发自肺腑的话，打破了这种上下级的芥蒂，展现了他谦恭而又开阔的胸襟。

　　埃尔文的妻子不幸患上尿毒症，他为此背上了沉重的债务。恰好，莱斯大学邀请他担任客座教授，并承诺付给不菲的报酬，埃尔文答应了。他每周疲惫地奔波在两地之间，也给研究带来很大的不利影响。林荫道上，导师鲍林叫住了行色匆匆的埃尔文："我出身贫寒，父母早逝，通过自身努力才一步步地走到今天，并有幸撷取化学王冠上的宝石。在通往成功的道路上，任何困难也阻挡不了执着前行的脚步，除非你甘愿沉沦。你看，树上那个已具雏形的鸟巢，还有那只正艰辛孤独筑巢的小鸟，因为那是它的事业，别无选择！你天资不错，不能因为身外之

那是它的事业。

我的事业是在实验室。

事模糊了前行的目标，你若那样，我很难过！"埃尔文若有所思，很快，他将妻子托付给家人照料，一头扎进了实验室，不久就取得了令人瞩目的成就！

埃尔文忙于挣外快医治妻子，影响了正常的实验研究工作，鲍林用直白的话语，讲述自己的成长经历，言明任何困难也阻挡不了前行的脚步，并对埃尔文提出诚恳殷切的期望，埃尔文自然能理解导师的一片苦心。当我们在劝说他人改变主意时，要学会变换角度，从自身出发，说出发自肺腑的话语，这样才能转变他人的观念，从而达到良好的劝说效果。

姚明上任篮协主席后，第一时间想到"小李飞刀"李楠，李楠从全运会赛场退役后一直赋闲在家，简单恬静的生活成为李楠最大的追求。那天，电话里的姚明半开玩笑说："哥们儿，我想你了，我们约个时间谈谈！"李楠不情愿地说："好呀！叙兄弟情谊可以，但最好不要谈伤透人心的篮球。"这天，两人终于坐在了一起，姚明开门见山地说："兄弟，我明白你这些年吃过的苦和受过的伤，同为篮球人，我能理解你。你看现在中国篮球风气正在好转，未来将会越来越好，现在篮球的接力棒交到我们这一代人身上，你我都不站出来，中国篮球还能指望谁呢？现在组织上把这个担子交给我，我才疏学浅，时常有如履薄冰之感，所以想请你帮帮我，来吧，兄弟！"李楠眼里闪着泪花点了点头！很快，李楠当选为中国男篮主教练之一！

俗话说："士为知己者死！"篮球成就了李楠，也伤透了他的心，以致他心灰意冷，再无斗志。对李楠的境遇，姚明深表理解和同情，鼓舞李楠要看到中国篮球的希望，最后真诚地提出自己的希望和恳求，李楠听后自然深受感动，答应姚明也就在情理之中。沟通中，若能肝胆相照，真心待人，说出发自肺腑的话，就能触动对方的内心。

——材料选自王章材《说出心里话》

主编提点：

语言是心灵的表达，从根本上讲，我们说话就是要告诉对方我们内心真实的想法。所以，我们应该勇敢地说出自己的心里话，把最真实的自己表达出来。你的真心话里包含着你的真情感，而你的真情感是最能打动人心的。

6. 说话要有主见

对于青少年来说，说话最大的习惯往往是盲目从众，这是很不好的事情。说话要有主见，也就是对事情有自己的见解，有自己的判断，不随波逐流，不被外界过多地干扰。

因为选择去日本学习表演，金世佳错过了《爱情公寓2》。有记者问他："第二部这么火，同剧组的演员都出名了，你后悔吗？"金世佳这样回答："如果把人比作一棵树，他们这两年看起来枝繁叶茂，我则是原地不动，很不起眼，但是我在你们看不见的地方扎根扎得更深了。我真不理解世人为何都觉得有名有利才是成功，大家都跟我说，你应该这样，应该那样，公司也会说，你应该去买热搜，我说我为什么要买，公司说因为大家都在做，我说别人都在做的就是对的吗？我就不做怎么了？就会饿死吗？"

　　金世佳巧妙地把人比作一棵树，形象地阐释了自己留学是为了把根扎得更深，所以错失参演《爱情公寓 2》也不会后悔，并且指出有名有利也不是成功的唯一标准。金世佳的主见来自他对自己有明确的认识，有自己的规划，知道什么时候该干什么。人要忠于自己，不必老是顾虑别人的想法，或总是想要取悦他人，这样才会活得更有滋味。

　　记者采访王石："你给很多人的印象就是做事有魄力，拿得起放得下。那你给自己的定位是什么？"王石说："我给自

己定位叫'顽石'，顽固不化的一块石头。人家说，一般年轻人都是有棱有角，非常坚硬的，随着生活的磨砺，慢慢都圆滑了。我今年67岁，我觉得还不圆滑，但是我很庆幸，因为我相信当我感到圆滑的时候，我这一生也没有什么值得去奋斗、去好奇、去探索了。所以到现在，我还是一个有棱角的石头，我有我坚持的目标与原则。"

王石正话反说，先给自己定位为"顽石"，旗帜鲜明地表明了自己做事有主见的风格，其幽默风趣的谈吐很是吸引人。接着，他把自己"顽固不化"和年轻人变得圆滑进行比照，很好地阐释自己做事果断有主见是因为一直有自己坚持的目标与原则，绝不会受外界的干扰。王石的主见来自他做事善于独立思考，以及开拓进取和不断创新的精神。

王小丫谈到梦想时说："每当要做节目，我会做很多紧张慌乱的梦。孔圣人说，做梦是以梦的方式在和先贤们神交。于是我安慰自己说：那是不是我在以这样的一种慌乱又紧张的方式和我的职业对话？如今许多年过去，我依然紧张着，那说明我依然敬畏着我的这份职业，我依然敬畏着我的观众。我庆幸自己这么多年保持了做梦的能力和激情。我希望这样的一份梦想、一份梦境能够一直伴随我，因为这些梦境是我平常最担心

的，而正是这份担心让我做了更好的自己，也希望这份对职业

的敬畏之心能够让我走得更远，走得更稳。"

作为央视知名主播，王小丫一定有很多成功的经验和大家分享。然而，她却说自己当有节目要做时也会紧张到做紧张慌乱的梦，可她没有被困难吓倒，而是学会了安慰和激励自己，把工作做得更好。王小丫的主见来自她做事有激情有梦想，有精益求精的精神。生活中，我们应该学会独立思考，说话要有自己的主见，这样我们才能有更大的进步！

——材料选自《演讲与口才》（学生版）2019年第4期冯恒仁《说话要有主见》

主编提点：

金世佳对自己有明确的认识，说出有主见的话；王石坚持自己的目标与原则，说出有主见的话；王小丫做事有激情有梦想，说出有主见的话。

总结：说话要有主见。

7. 好话，好好说

我们常说"有话要好好说"。可是，有的人明明说的是对人有益的好话，却不好好说，结果好意没有得到别人的认可，甚至引起别人的反感。好话需要好好说。只有你以别人喜闻乐见、易于接受的方式去表达，好话才能起到它应有的作用。

演员入行后经过一段时间的努力，有了些小名气。在一场戏中，演对手戏的一位大腕根据剧情需要，狠狠扇了演员一巴掌，演员几乎栽倒在地。事后，演员向导演诉说不满。导演厉声斥责说："假打观众不就看出来了吗？打你一巴掌就受不了啦，还是别在这圈里混了。要想混出名堂来，就得吃别人吃不了的苦！"演员听了更觉得委屈。而一位前辈听了演员的诉苦后，说："你以前跑龙套不一样挨过打吗？为什么那时候没有怨言？是因为你觉得现在自己是个角了，不应该再吃这样的苦了。可是你想想，你现在的成绩是靠什么取得的，不就是拍起戏来拼命吗？如果你取得成绩后就丢掉了这些品质，那你的成绩早晚也会没了。坚持下去，你一定会是一个了不起的演员。"前辈的一番话让演员心悦诚服。

同样是告诉演员要端正心态，导演的话里却带有负面情绪，言辞也略带尖酸刻薄，演员听了心里会更觉得委屈。而前辈的一番话，却分析得有理有据，语含激励。所以，为别人着想，对别人有好处的话我们不要带着情绪说，措辞不要严厉，更不能尖酸刻薄，要尽量心平气和，耐心讲清道理，才能让人欣然接受。

一个年轻小伙子失恋后，茶饭不思。一位长辈来看他，说道："不过是失恋，就变成这样，一点男子汉气概都没有，能有什么出息！"小伙子听后更伤心了。

他的好友慧宁禅师来看他，说道："鱼在激流中也不会损害自己的鳞片，有鳞片它才能逆流而上；鸟逆风飞翔也会保护自己的羽毛，有羽毛它才能越飞越高。人只有保全自己才能战胜苦难。你现在这样不吃饭不睡觉，是在伤害自己的身体，何谈将来有所成就呢？"小伙子说："我也知道这个道理，但是我怎样能做到放下呢？"慧宁禅师说："各种所求都是由心出发，目光放远一点，定下新目标就能解脱，有了理想和追求，

要有目标和追求。

好胃口和睡眠自然来了。"小伙子恍然大悟，把精力用在学术上，取得了别人难以企及的成就。

同样是要小伙子振作起来，长辈说话，是因为心里对小伙子的表现不满、有气，所以当头棒喝，却没有考虑小伙子会是怎样的感受。慧宁禅师却是温言开导，用小伙子容易接受的话引导他，达到了谈话的目的。说话，即使是好意，也应该先考虑一下听话者的感受，采取更委婉、更合适的方式，这样才能让对方接受。

在球场上，总教练看见一位教练正在恶狠狠地训斥一位试训的队员："你看你握拍的手法，起跳的节奏，力量的运用，僵硬得和木乃伊一样，实在搞不懂你平时是怎么训练的！你们省队怎么会把你推荐上来？"队员满脸通红，不知所措地看着教练。

这时，总教练赶紧把这位教练叫到一旁，说："我完全理解你恨铁不成钢的心情，但你这样说，不把队员吓蒙了？不妨换一种说法：'这几天看到你的进步真的很高兴。只要你注意握拍自然，起跳松弛，恰当运用力量的话，你的进步会更大，会很快追上国家队队友的！'你如果这样说，不仅能给队员加油打气，还能增进感情，何乐而不为？"

好话好好说，否则就容易伤害他人，这样好话就变成了恶语。良言一句三冬暖，好话好好说就可以起到三冬暖的效果。否则，你本意再为别人好，别人也难以领会和接受。好话好好说，良言善讲，别人才能感受到你的善意和初心。

——材料选自赵琪《好话好好说》、韩旭灵《换一种说法，表达更精彩》

主编提点：

如何才能好好说话？请记住，当与别人说话时，不要随意发泄自己的怨气，而是多给对方鼓励和赞赏。比如对方犯了错，你指责他做得不好，埋怨他的错误给你带来了损失，这就是在发泄怨气；你鼓励他勇敢改正错误，将会取得更好的成绩，这就是好好说话。

8. 关注你说话时的态度

在生活中，遇到事情或求助他人或被他人所求助时，都要注意自己说话时的态度。态度决定了你说话时的语气和方式。有时事情本身并不大，往往因态度不对，语气不合适，反而事与愿违了。那怎样才能让说话的态度端正，语气和方式也都很得体呢？

苏曼带父母去苏州旅游。在拙政园里，苏曼让70多岁的老母亲在一座假山石旁坐下，自己拿出手机准备拍照。这时过来一个女子，站在苏曼身旁，指着老母亲说："你让一下，我拍张照片，拍完就走。"老母亲年纪大了，费劲地起身慢慢挪开。苏曼感觉不舒服，又心疼老母亲，便厉声说道："为啥要让开啊？总有个先来后到吧。"女子说："可是你没有开始拍啊。"苏曼接道："那你也该讲道理、有礼貌啊，你这样做好意思吗？"

女子的想法是：你拍照的速度慢，还没有开始拍，而我时间紧先拍照，等下你们再慢慢拍。两人的关注点不一样，女子关注的是拍照这件事，她没有想到老人的不便之处；苏曼关注的是对方说话的态度，所以才有了口角摩擦。如果女子用商量的语气，同苏曼和老母亲用诚恳的方式说出自己的想法，谁能忍心拒绝呢？

让一下，我拍个照！

平平给妹妹辅导功课，每次妹妹都是因为马虎，遭到平平的呵斥。妹妹眼泪汪汪地说："你每次都说我笨，我以后就是不会做，也不问你啦！"平平当时就愣住了，没想到自己伤害了妹妹的自尊。看着妹妹可怜的样子，平平的心软了下来："你看看丢分的地方，真的不是因为你不会做，是因为马虎。不会做呢，丢分就丢了，谁让咱不会呢？但是明明你会啊，只是写错了或者是落下个字母，这几次都是这样，你不觉得丢分很冤枉吗？"妹妹嘟着嘴说："那你好好说话嘛，改正错误也要时间的啊。"平平扑哧一笑："你倒是会说理了。"

面对妹妹马虎的毛病，平平是恨铁不成钢啊。她要妹妹重视自己说的话，改掉马虎的毛病，而妹妹却是希望姐姐能好好说话，对自己的态度要好。姐妹俩的矛盾点，还是在于说话时的态度。帮助补习功课，本身是一桩好事，却因为态度问题适得其反，这很不值得。试问，既然是花费精力教导别人，为何不和颜悦色一点呢？

某学校组织初二年级学生到医院进行体检，在轮到林明明抽血的时候，他忽然想起妈妈一直说自己营养不均衡什么的，就问道："医生你好，怎么样才能知道我平时的营养是否均衡啊？"医生斜了明明一眼，说："你这么胖，能缺营养吗？"明明不好意思地辩解："这胖，也说明不了营养是否均衡吧？"医生不耐烦地说："均不均衡得验过血才知道。好像你比我们还内行似的，赶紧挽起你的袖子……"看到同学们都拿异样的眼光投向自己，林明明真想找个地缝钻进去。

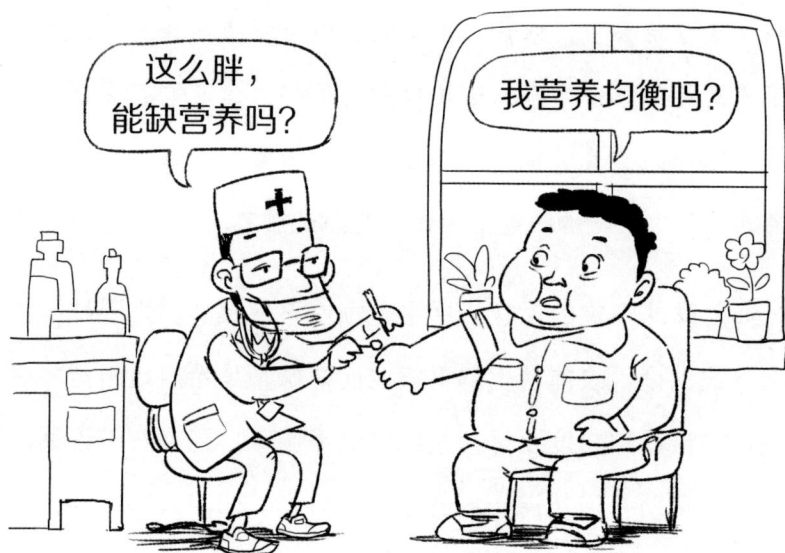

　　林明明的关注点是怎样才能知道自己的营养是否均衡，医生的关注点则是抽血化验，因为答案要等检查结果出来才能知道。两人的关注点不一致，林明明希望医生好好回答他的问题，而医生希望明明少发问，先化验再等结果，因为体检报告能显示身体的各项指标是否合格。只是，医生缺乏一个好的态度来耐心解释这个事情。如果他的态度和蔼一点，明明又怎会觉得委屈呢？

美国西点军校有句名言：态度决定一切。生活中，很多事情都是在说和做之间完成的。你说话时的态度好，你的表达方式和语气就好，进而你与打交道的人的和谐程度就高，这样你们彼此的心情颇佳，做起事来就会顺风顺水。所以，要记得关注你说话时的态度哟！

——材料选自《演讲与口才》（学生版）2019年第2期任艳《亲，请关注你说话时的态度》

主编提点：

说话的态度，有时候甚至比说话的内容更能影响别人。注意说话的态度，首先要注意自己的语气、语调，不要让自己的语气太暴躁、语调太尖锐；其次是要注意用词，不要用一些含有贬低、指责、不耐烦等负面情绪的词语。当然，最重要的是要心胸开阔，豁达乐观地面对别人，这样才能心平气和地说话。

第二章

会沟通，要说到点子上

任何话语都可以从不同的角度去表达，有时候我们说了很多，却始终无法起到作用，这时我们要反思一下，是不是没有把话说到点子上。把话说到点子上，我们的话语才能够说到别人的心里去。

沟通过程中，很多人会遇到不能准确表达自己的意思甚至想要表达的意思与说出来的意思截然相反的情况，最后往往会事与愿违，把人际关系闹得很僵。不会说话不仅容易成为话题终结者，还容易得罪人，让我们的人际关系越来越差。究其原因，主要就是我们在沟通过程中表达不力，没有把话说到点子上。

那怎样才能把话说到点子上呢？所谓知己知彼百战不殆。为了达到一个良好的沟通效果，我们在沟通之前要有所准备，了解沟通对象的相关情况，把握沟通对象的心理状态，然后有的放矢地组织自己要用的语言，条理清晰、目标明确地把话准确地表达出来。相信通过这一系列的准备过程，你的思维会更清晰，表达也会更清楚，这样也就能顺利达到最佳的沟通效果了。

1. 说话要命中"靶心"

生活的经验告诉我们：说话说不到要点的人，往往难以取得成功。生活中，说出的话要能说到点子上，要能说出重点来，能命中要害，能句句在理，这样既在无形中增加了说话的分量，还能赢得他人的信任和青睐。

在某期节目上，一个女生故意假扮可爱，求得别人的赞美。涂磊老师说："你一点都不可爱，你是在卖弄可爱，可爱是不经意之间流露出来的，如果你眼睛里没有眼泪，还要拿手指去那么擦一下，那就叫卖弄可爱。真正的可爱是真情流露。什么叫柔弱？柔弱是一个女生努力了，却依然没有做到，那叫楚楚可怜。但是你自己能够做到一些事情，却偏偏要让别人来帮自己做，那就是在装疯卖傻。可有些女生，虽然说个头很矮小，很瘦弱，但她却偏偏在危险的时候，能够帮别人挡风遮雨，去扛起重任，往往这样的女生很可爱。所以挺起你的腰身，做自己力所能及的事情。"

一位作家说："你说出的话要命中靶心，否则请不要乱弹琴！"说话命中"靶心"，就是说话要命中要害。什么是女生真正的可爱？那就是力所能及地做自己的事情，千万不要去"卖弄可爱"，涂磊的话语发人深省。生活中，如果你能洞悉事物的本质，在是非面前敢于一针见血，这样才会让对方彻底看清事实。

您可别卖弄可爱了。

快夸我可爱。

读中学时，托马斯渐渐变得散漫起来，经常贪玩到很晚才回家。一天，母亲和他去郊外爬山，当母亲指出他身上的变化时，托马斯却狡辩："这不能怪我，你不知道我所处的环境，在那种环境下每个人都做不到坚持不变。错的不是我，而是环境！"母亲听后，指着脚下的一堆岩石说："在同样的环境下，有的岩石会被风化，而有的岩石却无任何改变，如果自身足够坚硬，任何外部环境都不能轻易使我们改变。你不要去找一些客观原因，你要从自身寻找问题，不要总是去推卸责任。"托马斯恍然大悟地点了点头。此后，托马斯丝毫不受外界的影响，后来成为澳大利亚知名的作家。

像坚硬的岩石那样，如果自身足够坚硬，外界环境是不可能干扰或阻碍自己成长的，托马斯的母亲的话可谓一针见血，让随波逐流的托马斯幡然醒悟，最终学有所成。说话前，要进行缜密的思辨，剔除次要信息，关注主要信息，只有这样说出的话才有效果。

唐代诗人刘长卿初任长洲县尉时，社会风气不好。一天，一个士兵把马拴在一家小店门前，就办事去了。回来时，老板娘怒气冲冲地揪住士兵，指着地上晒的粮食对他说："你不能走，你的马吃了我的粮食。"

　　士兵仔细观察后，发现马在活动范围内不可能吃到粮食，不肯赔偿。两人闹到刘长卿那里，刘长卿命令把马杀掉。幕僚低声对刘长卿说："大人，为了这么一点小事，杀死一匹马，不值呀！"不料，刘长卿肯定地说："这不是小事，是大事，天下之事，黑即是黑，白即是白，如果混淆不清，证据不足就敢诬陷他人，哪还有公道可言？"

　　马杀死后，证明了老板娘确实是诬告。刘长卿下令将老板娘押入大牢，此后再没人敢诬告别人了！

是我诬告了那匹马。

与人沟通时，你站在是非对错立场上说出的话，往往更有力量！如何转变地方上不良的社会风气？刘长卿宁可果断地杀死一匹马，也要让真相大白，让好人不致被构陷，让坏人得到应有的惩罚，以此树立威信，从根本上扭转社会风气。说话，要抓住问题关键所在，一出口就命中要害，这样就会收到事半功倍的效果。

——材料选自王章材《说话要命中"靶心"》

主编提点：

一个人说话如何才能让人信服？关键在于要把话说到点子上，正中靶心。这要求我们在谈话时，要能认清事物的本质，找到问题的关键。想要做到这一点很难，需要我们在生活中多观察、多思考，不断提高自己的认识水平和谈话水平。

2. 说出让人信服的话

崔永元谈 30 年说话心得，说："好好说话不难，难的是说出来的话使人心动，让人信服。"如果说出的话不能动人心弦，那这话就一文不值。如何说话，才能让人怦然心动呢？

真切动人

有一次，二月河跟中学生座谈说："人们常用'头悬梁，锥刺股'来形容一个人的勤奋。我写《康熙大帝》，也采用过这种极端方式。当时穷，夏天没钱买电扇，就拿一桶凉水放在桌下，写作时就把两只脚搁水桶里，既降暑又防蚊虫叮咬。夜里写到凌晨两三点钟，实在瞌睡，就用火红的烟头照着手腕烫去，烫得一串激灵，以驱赶疲惫，清醒头脑。我的手腕上，至今仍留下斑斑烟炙伤痕。写完《康熙大帝》第一卷，我就因劳累过度，得了'鬼剃头'。女儿抚摸着我的头，调侃说：'你这脑袋分明就是世界地图，这一块像尼加拉瓜，这一块像苏门答腊，这一块像琉球群岛。'我相信天道酬勤，我靠的不是才气，而是力气。"

二月河讲述写作往事，夏天脚搁水桶，晚上烟头烫腕，正是靠着这般勤奋和努力，20年写出520万字的"落霞三部曲"，成为历史小说中难以逾越的丰碑。由于这番话说得具体真切，十分有画面感，所以让人心动信服，引人思悟其成功之道。

悟趣怡人

有一次，记者问著名企业家曹德旺："钱对你来说意味着什么？"他说："千万别把钱当真，钱就是用来玩的，你看钱面上印有许多画面，为什么那么花哨？就是用来玩的，谁有水平，就留在身边多玩几天；没有，就少玩几天，反正钱是不会永远留在你身边的。财富就像是大海里面一群游过来的鱼，你是渔民，你一大网进去，捞了几千斤上来，你把全家人都叫来吃，其实能够吃几条鱼就算不错了。剩下的怎么办？拿去冷冻、晒、腌。但是我要提醒你一下，晒的、腌的、冻的，你存在这里，今天晚上一地震、一场海啸，鱼就没有了。我的家门口卧着一个象征揽八方财、只进不出的貔貅。貔貅没有肛门，我觉得只进不出很小气，就让人给貔貅挖了一个'屁股'，要有进有出。现在社会上有一些人问，曹德旺到底捐了多少钱？我敢说已超过80亿元人民币。"

曹德旺巧解"钱面"，释义新颖，钱是用来玩的，不可过分贪恋。金钱乃身外之物，只是暂存名下，总有一天要还给别人，还给社会。由于这番话感悟独特，说得别有一番趣味，清新怡人，可谓真实反映了他对待金钱的态度和善于施财的大善精神，所以令人心动悦纳。

纯真可人

海清因出演《红海行动》人气再次大增。记者问她："当初怎么接拍了这部电影？"海清说："真的是非常偶然的机会，我在飞机上碰到电影的出品人于冬。他说有一个戏在摩洛哥拍，角色是战地记者，开机半个月都没有找到女演员。我就开玩笑说自己特别合适又有档期，又不怕苦不怕累。我们说完就各自回家，我也没有当回事儿。结果第二天，他就给我打电话问能不能过来。因为我已经把牛都吹出去了，根本没办法拒绝，有一点骑虎难下的感觉。我连剧本都没时间看，更没有签合同，

就背着行囊赶到了摩洛哥。虽然拍下来吃了不少苦头，但你的角色是苦，你就得吃，干一行得守一行的规矩。"

海清实话实说，将偶遇制片人的过程和盘托出，直言自己"吹牛""骑虎难下"才得到角色，圆满完成拍戏也是自己该守的规矩和该有的职业使命。由于这番话说得朴素纯真，尽显她的热情与天真本色，所以十分真挚动人。

——材料选自《演讲与口才》（学生版）2018 年第 11 期

石保青《说出让人信服的话》

主编提点：

二月河用自己的亲身经历说事，真切动人，令人信服；曹德旺用打比方的方式，把话说得幽默风趣，令人信服；海清实话实说，尽显她天真热情的本色，令人信服。

总结：说话要让人信服，首先应该言之动人，用真切的话语、幽默的话语、朴实的话语打动别人，才能让别人打心眼里信服。

3. 找到话语的"心动点"

关心是沟通的基本。每个人都有自己的心理动因，言语交际中，如果能设身处地从对方所处的位置、角度、情境去思考，深刻体察他人潜在的内心动因，就能找准他人的"心动点"，把话说到他人的心坎上，从而达到奇妙的效果。

相声捧哏大师唐杰忠离休之后，便很少登台亮相。央视《艺术人生》节目组想做他的特辑。制片人、主编、节目编导轮番上阵，想尽办法力邀唐老，都大败而归。最后，主持人朱军前去劝说："唐老师，您曾说过，您一辈子最大的愿望是把最好的相声献给观众。观众喜欢，就是您最大的满足。观众是恩人，是衣食父母，是老师。现在，我们的观众热线都打爆了，大家都要求我们邀请您上节目。他们都说特别想您，特别想再次看见您。您就答应了吧！"

唐杰忠处世低调，从不愿多宣传自己，所以他再三拒绝节目邀请。朱军一改以往的谈话策略，他找准唐老的"心动点"，那就是他视观众为父母、为观众义不容辞的强烈感情，从而让唐老因心系观众而登台亮相。说动一个人，并不是完全靠动之以情晓之以理就能实现的，而要看是不是能够真正触动对方内心的至高愿望。

曾国藩兵败九江，这是他一生中最灰暗的时候，军中一些将士和江西地方官员都怀疑他的作战指挥能力。这时，大营中的周腾虎却在困境中识英雄，他对曾国藩说："自古成就大事的人都是肯用心的人。我普遍观察了长江下游的统兵将领，没有一个人知道这个道理，所以料定他们最终都会失败。曾公您目前虽然兵微将寡，但最后能成就大业的人一定是您。"

人生的路上，谁都难免遭遇挫折、失败。对待失败者，正确的态度应是用殷切的话语去安慰、去鼓励。周腾虎不像有些人疑虑重重，落井下石，而是善于洞察，认为曾国藩有雄才大略、大抱负，更有不折的信念，是一个做事肯"用心"之人，定能成就一番大业。一番话语，正是找准了其"心动点"，所以让曾国藩十分受用，东山再起，再创辉煌。

一个学生从首都师范大学历史系毕业后想去卖保险，尽快挣到钱。他的恩师对他说："我觉得你是教历史的好料子。这么好的料子去卖保险岂不是中国教师界的莫大损失！再者，钱不必急着挣，想清楚自己这一辈子到底是为着什么而活着才是最要紧的。你挣多少钱，当然是你价值的一部分。但一个人价值的更大部分，应该体现在无法用钱衡量的地方，要不然，这个人也就穷得只剩下钱了。其实，比挣钱更重要的是让自己更值钱！值钱的人才能体会到什么叫成就感。对于一个追求有意义的人生的人来说，成就感至关重要。"

成功的一半是方向。一个学历史的高才生，竟要去卖保险！

恩师不仅赞赏学生是教历史的"好料子"，而且善于抓住他的"心动点"，从挣钱与值钱两种人生追求的意义的高度，让学生明晰了自己应该有什么样的价值取向。一番话，可谓振聋发聩，令他幡然醒悟，命运从此改写。学生至今都觉得恩师的指点方向非常准确，一直都很感激恩师的教诲。

说话是一门学问，虽然我们不能把一个人的心理说得清清楚楚，却可以根据人的行为习惯、秉性特征，来把握人的"心动点"，说话有的放矢，令人怦然心动。

——材料选自《演讲与口才》（学生版）2017 年第 9 期侯爱兵《找到话语的"心动点"》

主编提点：

朱军找到了唐杰忠的至高愿望，周腾虎找到了曾国藩不折的信念，恩师找到了学生的价值取向。

总结：了解你的谈话对象，了解他们的需求，才能找到谈话的"心动点"。

4. 善说雪中送炭之言

　　如何说话才能受人欢迎呢？善说雪中送炭之言。世界上最美的声音不是锦上添花，而是雪中送炭。在他人需要时，多送上雪中送炭的话，让你身边的人感受到来自语言的温暖和力量！

　　有一次，唐国强在参加《快乐大本营》时，错将何炅的名字念成了"何㲆"。现场所有人都笑了，只有何炅依然一副非常尊敬的神情。在唐国强讲完之后，何炅马上补充说："唐国强老师当然知道我的名字，因为太熟了，这是我和唐国强老师间的昵称。"话音一落，全场鼓掌。

　　帮助他人不是只有金钱、劳力、时间上的付出，言辞也可以帮助人。生活中，有些人难免会遇到面对尴尬不知如何下台的窘境，你及时说出一句可以帮他解围的话，这也是助人功德一件。

2018 年 2 月平昌冬奥会中，中国短道速滑队出师不利，累计被判 9 次犯规后遭淘汰，但主教练李琰没有埋怨裁判，没有在队员面前发泄怨气。她激励大家说："无论裁判怎样严格，都还是自己暴露出了问题，让他找到了机会。最重要的还是做好自己，不要太多考虑是否裁判的问题。我们要忘记挫折，放下一切包袱，一心只想让自己滑好，不给对手留下机会，不给裁判留下误判机会，那就成功了。一切都是最好的安排，相信未来会更好！"后来终于云开雾散，一天内收获一金两银，武大靖以两破世界纪录的神勇表现夺得短道男子 500 米冬奥首金，振奋人心。

西谚有云："言语所赋给我们的功用，是在我们之间作悦耳之词。""悦耳之词"就是好话。说好话让人如沐春风，让人生发信心。遇到受挫、心情沮丧的人，能给他一些鼓舞信心的话，就是以语言给他以力量。

曹寅坚持唱歌20年，却一直得不到父亲的理解，两人因此关系紧张。在《我要上春晚》现场，曹寅显得非常无助。董卿支持曹寅不放弃梦想，并说道："你的经历跟我非常像！我小时候最害怕的也是爸爸。每次吃饭，一上桌，他就开始唠叨，你这个怎么怎么样，那个怎么怎么样，我经常是一边吃饭一边哭。我小时候最高兴的事儿，就是我爸出差，因为总算有两天看不见这个人了。直到参加工作后，有一年过春节，吃年夜饭，吃着吃着，爸爸突然举起酒杯对我说：'我敬你一杯吧！我跟你道个歉，这么多年，我对你有很多方式不对，你别往心里去。'我的眼泪当时就掉下来了，我多年来对他的怨恨也烟消云散。其实，只要你做得对，你父亲迟早会支持你的。"

无助的人对自我信心不足，常常生活在别人的善恶语言中，一句言语往往可以决定他的心情好坏。对于这样的人，我们应该多多给予支持和鼓励的语言，让他对自己生发信心，肯定自我。

——材料选自《演讲与口才》（学生版）2018年第8期侯爱兵《善说雪中送炭之言》

主编提点：

别人出错下不来台，说一句帮他化解尴尬的话；别人失败受挫，说一句鼓励的话；别人无助时，说一句支持的话。

总结：善说雪中送炭的话，温暖你身边的人。

5. 对症下"药"，谈话更有效

　　劝导别人，方法有很多，但没有哪种方法是可以放之四海而皆准的。适合的才是最好的，只有联系对方的实际，根据对方的性格特点、心理动机、行为方式等选择最合适的方法，给出最适合对方"病症"的"药"，才能收到最佳的效果。

　　有一个年轻人很自卑，很胆小，他觉得像自己这种性格的人肯定没有前途。他向一位朋友倾诉自己的烦恼，朋友笑着说："你讨厌酒鬼吗？"年轻人说："有一些。"朋友说："那你讨厌李白吗？他也是一个十分爱喝酒的人！"年轻人说："李白虽然爱喝酒，但他喝酒后能写出灿烂的诗篇，怎么能跟那些酒鬼相提并论呢？"朋友笑道："喝酒是缺点，但放在李白身上就不一样。你看，同样的事情，放在不一样的人身上就会有不一样的效果。如果你是位战士，胆小自卑显然是缺点；如果你是司机，胆小谨慎肯定是优点。勇敢是一种优点，但胆小谨慎何尝不是另外一种优点呢？只要你能找到适合自己的职业、适合自己的事情，一样会做得十分出色！"年轻人听完很受鼓舞。

胆小自卑可以看作是缺点，也可以理解为谨慎小心，那就是优点。朋友从这个年轻人的特点出发，结合李白的例子对他进行开导，一番话说在了年轻人的心坎上，令年轻人豁然开朗、备受鼓舞。很多人劝导他人时喜欢讲大道理，可他们忘了，你劝导的是对方，是为了解决对方身上的具体问题，应该根据对方的具体情况具体分析，你给的"药"对症，才能更有效。

在美国田纳西州的一所学校里，有一个男孩十分喜欢捉弄人，并以此为乐。有一天早上，他偷偷把一个女孩的凳子抽掉，让那个女孩坐了个空。跌倒在地的女孩捂着流血的伤口，痛哭不止，而男孩却哈哈大笑。

凯瑟琳老师知道这件事后，对男孩说："听说你很会演戏，那么就演一个节目把女孩逗笑吧，否则我会狠狠地罚你。"男孩尽心表演，把大伙儿逗得哈哈大笑，受伤的女孩也笑了。

老师把男孩叫到身边，语重心长地说："你可能觉得捉弄人很快乐，可演戏也是你的爱好，不也很快乐吗？捉弄人，你把自己的快乐建立在别人的痛苦之上，只会令别人恨你；为大家表演节目，你快乐了，大家也跟着高兴，而且会更加喜欢你。为什么不把捉弄人的心思花在演戏上呢？"

男孩听后恍然大悟，不但改正了错误，改善了和同学的关系，还因此踏入了演艺界。

男孩总是捉弄别人，老师没有直接批评，而是探寻他这样做的心理动机：为了追求一己的快乐。明白了这一点，老师便能对症下"药"，通过将捉弄人这件事与男孩所喜欢的表演进行对比，使男孩明白，同样是可以使自己快乐的事，一个能使别人恨自己，一个却使大家更喜欢自己，该做哪个呢？他心中自然有了答案。想要使自己的劝导达到事半功倍的效果，就应该仔细揣度对方的心理动机，这样才能一针直达病灶。

有个年轻人初入职场时，虽然很有天分，但做什么事都不愿意动脑子，不肯深思，老板说过他几次，却都不见效。一次，有一位客人来访，老板派年轻人去跟客人交谈。客人走后，年轻人向老板汇报谈话的情况。老板听完后，问道："依你的看法，这位客人的知识水准如何？"年轻人哑然，他完全没有想过这个问题。老板又连珠炮似的问道："他为什么要来见我？我是说，除了他已经说明的来意之外，还有没有保留？他临走时有没有露出

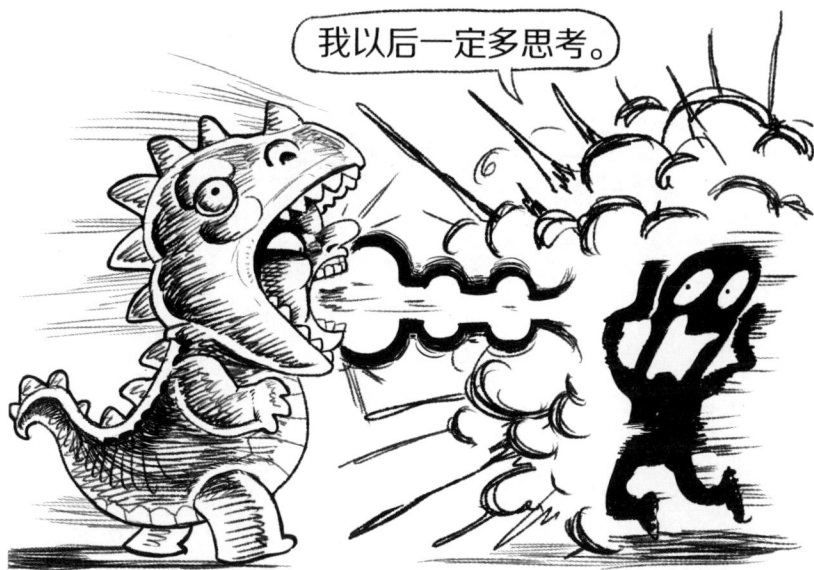

我以后一定多思考。

失望的神色？"年轻人答不上来，只能低头不语。老板说："这些问题没搞明白，你和他的谈话有什么意义？一件事情，不会只像它表面上所表现出来的那样简单。只有凡事多思考，你才能更加了解工作、更加了解生活！"一番话令年轻人受益匪浅。

对于凡事不肯深思的年轻人，老板通过生活中的一件小事，用一连串的发问使他明白自己工作做得不到位的地方，明白自己缺陷带来的危害，而后再画龙点睛地对其进行劝导，使年轻人受益匪浅。事实胜于雄辩，劝导别人，不妨从他日常生活中的疏漏出发。仔细观察，留心他因为自己的缺陷而在日常工作和生活中留下的不易觉察的疏漏或错误，并由此而指出他的缺点，进行劝导，你的话语是根据他的"病症"下"药"，才会更加有力，也更加直观，给对方留下深刻印象。

——材料选自苏绣锐《你给的"药"对症吗》

主编提点:

年轻人的朋友找准谈话对象的特点,男孩的老师探寻谈话对象的心理动机,年轻人的老板观察谈话对象的细微表现。

总结:说话,如何才能对症下"药"?做到以上三点,你也可以对症下"药"。

6. 学会表达你的谦虚

　　谦虚受人欢迎，但表达起来却不是一件容易的事，尤其是在别人当众夸奖你的时候。那么我们应该怎样恰当地表达自己的谦虚呢？

长时间表达谦虚是困难的事情！

有一次，基辛格应邀演讲。主持人介绍完他以后，听众全都站了起来，一个劲儿地鼓掌。后来掌声终于停了，听众坐了下来。这时，基辛格说："我要感谢你们停止鼓掌，因为要我长时间表达谦虚是件困难的事。"

基辛格这话虽是幽默之语，但道出来的却是实情。别说是长时间表达谦虚困难，就是短时间表达谦虚也不容易。那么，在你受到别人夸奖表扬时或获得荣誉时，怎样来表达谦虚呢？

移花接木法

爱因斯坦的一位朋友对他说："你的名声真是太大了，达到了令人难以置信的地步。我听说有两个美国大学生打赌，说是发一封信，信封上只写爱因斯坦收，看能不能寄到，后来听说你收到了。"听了这位朋友的话，爱因斯坦笑着说："对，信收到了，而且是按时收到的。不过，这只能说明邮局工作做得好，与我的名声无关。"

所谓"移花接木"，就是把别人对你的表扬赞赏转移"嫁接"到他人身上。这里，爱因斯坦就是用移花接木、转移对象的办法，来表达自己的谦虚，他把别人对他的赞扬转给了邮局。

巧改词语法

托马斯·杰斐逊是美国第三位总统。1785年，他曾担任驻法大使。在担任大使期间，有一天，他去拜访法国外长，一见面，法国外长便说："你代替了富兰克林。"杰斐逊回答说："是接替他，没有人代替得了他。"

20世纪60年代，徐寅生是位家喻户晓的人物，人们说他打球时是"智多星"。听了这一称赞，徐寅生幽默地说："其实，我不过是脸上多长了几个痣而已。"

不难看出，杰斐逊和徐寅生的谦虚都是通过巧改词语来表达的。"代替"和"接替"，虽然只有一字之差，但蕴含的意义却不一样；"智"和"痣"语音相同，但"痣多星"则是徐寅生对自身缺憾的自嘲。正是由于这一改换，谦虚的效果便显现了出来。

部分肯定法

爱迪生发明了摄影机、留声机、蓄电池等数以千计的东西，人们非常钦佩他，便称赞他为"天才的魔术师""天才的发明家"。而爱迪生对此夸赞则不以为然，他说："我的发明全是靠实验得来的，绝不是靠什么天才。一个人只要肯努力，就没有不成功的事情。"

面对他人的赞扬，如果一概否定，很可能会有虚假之嫌，如果能自我肯定一部分成就，而对其他成就淡然处之，则会给人留下诚实的印象。爱迪生否认天才，但肯定自己刻苦努力的优点。这不仅表现了自己谦虚的精神，还给人一种非常实在的感觉。

——材料选自《演讲与口才》（学生版）2018 年第 7 期刘玉瑛《怎样表达你的谦虚》

主编提点：

移花接木，转移赞扬对象；巧改词语，改变某个关键词语，表达谦虚；部分肯定，只肯定赞扬中的一部分。

总结：被人赞扬时，我们恰当地表达自己的谦虚，这样会给对方留下更好的印象。

7. 学会妙语应变

妙语应变的能力，就是高情商口才。生活经常会遇到不好直接回答的难题，那我们应该如何妙语应变呢？

有一次，演员俞飞鸿做客《非常静距离》，台下坐着她的很多粉丝，访谈中主持人的一个问题深深吸引了在场的粉丝："有很多艺人不开微博，你说你这几年也没有开通微博，那么你没微博怎么跟粉丝互动呢？"俞飞鸿脱口而出4个字："在心里啊。"这一回答瞬间让粉丝们都乐开了花。

俞飞鸿的妙语，彰显避实就虚的言语应变技巧。近年来，微博成为明星和粉丝互动的重要平台，但俞飞鸿没有开通微博，那她会怎么和粉丝互动呢？一句"在心里啊"既回答了主持人的问题，又体现出她把粉丝放在心里，凸显她和粉丝之间的零距离。

2018 年 11 月 20 日，中国篮协主席姚明在一场论坛上谈到中国体育产业发展牵扯到社会的方方面面，需要专业的人来做专业的事，希望能有不同的专家顾问团来帮助自己。这时，央视体育主持人张斌借机打趣并力邀道："电视解说工作现在也面临挑战，你要敢说 A 队不好，那么 B 队的球迷会手刃你。得时刻观察球迷反应，极其复杂。我想邀请姚主席来试着解说一场比赛，就知道痛苦所在，比当篮协主席压力一点都不小。咱们就这么定了吧，你什么时候说场 CBA 全明星赛吧？说一节，咱玩个接力。"张斌的这番邀请引发了现场众多媒体人士的笑声。只听姚明巧妙应变道："这事还是留给专业的人做吧!"

张斌突如其来邀请姚主席来解说 CBA 全明星赛,姚明公开直接答应或不答应,恐怕都不是完美的选择,而他机智地采取"暗度陈仓"的闪避技巧,巧借自己刚说过的专业人做专业事,要把比赛解说留给专业的人去做,一下子过渡了问题,将话题引导到别的方面去认识,就是说,他谦卑地把自己排除在了专业之外,从而达到化解难题、有效闪避的目的。

> 国旗可不可以作为奖品,换个愿望吧!

李咏主持《幸运 52》时,有一次电话接通了一位幸运观众,观众说自己的愿望是想要一面国旗,这个要求可谓与众不同。李咏略一思索,然后回答道:"不好意思,先生,国旗是不能用作娱乐的。作为一档娱乐节目,我们不能拿国旗作为奖品,但您要喜欢我可以私下以

> 我想要一面国旗。

个人的名义送您一面国旗,请您换一个愿望吧。"这个精彩回答立即赢得了全场观众的掌声。

面对观众想要一面国旗的特别愿望，李咏没有一口答应，而是马上意识到国旗是神圣的，是国家的象征和标志，是不能作为奖品随便送的，所以他能说出一番有理有据的话，既保证了节目不出格，又让观众很欣慰。从这一件小事，就可见李咏机智应变的口才。这也深深启示我们，说话要有是非观念，对非正当的要求要勇于拒绝，并能做出有理有据的解释和回应。

2018 年 10 月，谢娜参加《我就是演员》，当起了导师，并作为助演认真演了一把《芳华》的片段，其精湛演技深获好评。现场，张国立代表网友问了一个问题："谢娜你为什么会来参加《我就是演员》？"谢娜不假思索地回答："他们敢请我，我就来了！"随后章子怡不吝夸赞道："谢娜是'万能娜'！你家老公张杰又会唱歌，你们家要席卷演艺圈！"谢娜脱口而出："卷不了，因为你家老公汪峰也在唱歌！"观众听到她的回答，瞬间掌声雷动。

身为主持人的谢娜来到比拼演技的节目，不免让网友质疑。她没有去做冠冕堂皇的解释，也没有说一些客套话，而是用一种"以彼之道，还施彼身"的言语技巧来作答，"他们敢请我，我就来了"，尽显自信的气场，引人尊重。然后面对章子怡的高度称赞，谢娜也没有心安理得地领受，而是同样机智地"以其人之道，还治其人之身”，一举达到了谦己恭人的目的，令人赞叹。

——材料选自《演讲与口才》（学生版）2019年第2期石保青《妙语应变》

主编提点：

俞飞鸿避实就虚，用"在心里啊"回避问题的实质；姚明"暗度陈仓"，借自己刚说过的话，把问题过渡过去；李咏有理有据，在大义上讲清道理拒绝，在私下愿意赠送拉近关系；谢娜"以彼之道，还施彼身"，用对方的事情来回应对方。

总结：遇到难题如何应变？我们可以用以上几位名人的方式去应对。

8. 学会当好和事佬

生活中，矛盾最多的地方往往在我们自己家里。父母可能会为了各种各样的问题争吵，而作为孩子如果我们有能力当好和事佬，那么我们的家庭将会更和谐，我们也能学会如何更好地用语言来化解矛盾。

苏妍今年刚上初中二年级。第一次月考，她的物理成绩不佳，刚刚及格。这门课的成绩拉低了她的总分，使她从上学期期末的前五名降到二十名开外，父母知道后很着急。妈妈打听到一个辅导班效果不错，让爸爸周末带苏妍去报名，而爸爸说他周末要加班去不了。妈妈指责他对孩子学习不关心。两人你一言我一语吵起来了。

这时，苏妍说道："爸妈，我知道你们对我学习很关心，谢谢你们。其实我的事我自己最清楚。我也正在找原因，找到原因再对症下药，效果才会更好。上辅导班不一定适合我，我可以找到自己的薄弱环节，对照网上名师视频针对性复习，这样效果可能更好。这个方法是一个学姐告诉我的，她以前刚学物理时也刚及格，现在成绩很棒。这个方法既省钱，也能省时间，还不会影响你们工作。让我先试一段时间，如果没效果，再想别的方法，好不好？"妈妈夸道："女儿懂事了。"爸爸也笑了。

网上名师带我学。

父母因为上辅导班的事争吵，而苏妍抓住了解决问题的关键——提高物理成绩。她首先对父母的关心表示感谢，但她认为上辅导班并不是提高成绩的最好方法，根据自己的实际提出了更合适的方法，针对性更强，省钱，不耽误父母工作，这种看得见的好处能打动父母。另外，她还举了学姐的例子来打消他们的顾虑。最后，她还给了他们一颗定心丸——万一不行再上辅导班也不迟。苏妍抓住了争吵的关键点，提出了建设性的更佳方案，让父母欣慰地结束了争吵。

　　刘茹娟的妈妈忙着做饭，爸爸坐在沙发上玩手机。妈妈让爸爸择菜，他竟然置之不理。妈妈骂他像个大老爷，还说人家丈夫挣钱多，回家总是帮妻子干家务活。爸爸可能被伤了自尊心，和妈妈吵起来了。刘茹娟大声说道："都不要吵了。我知道你们都不容易。妈妈每天忙着上班，回家还有一堆家务活要干，真的不容易。爸爸在职场打拼，压力大，玩手机是一种解压方式。其实

干家务活是一种更健康的解压方式，不会伤眼睛和颈椎，不用费脑筋，既能放松身心，又能促进家庭和谐，爸爸，我们一起干，怎么样？"爸爸点点头。

父母为干家务活而争吵，刘茹娟先说了一句暖心的话，肯定了他们为家庭而辛苦地付出。接着分别谈了妈妈、爸爸各自的不易，引导他们学会换位思考，妈妈对爸爸多了一份包容，爸爸对妈妈多了一份理解、歉疚。再在此基础上提出干家务活代替玩手机的建议，使爸爸也意识到自己玩手机的过错，愉快地接受了建议。

王亦成的爸妈为买车争吵，爸爸说要买辆价格在四十万元左右的奥迪才有面子，而妈妈坚持买辆价格在十几万元的大众车经济压力小。他们为此争吵起来。王亦成说道："我觉得如果一家人吵吵闹闹，就是买飞机开都没有面子，如果一家人和和睦睦就是步行也是温馨的。人们只羡慕温馨的家庭，不羡慕炫富的家庭。"听了这番话，爸妈停止了争吵。

爸妈为买什么档次的车争吵时，王亦成提出自己独到的观点，车有没有不重要，重要的是家庭的幸福和谐，温馨的家庭才是值得羡慕的家庭，提醒父母不要为追求物质享受而忽略了精神享受，不要舍本逐末；作为家庭重要成员，应该把精力放在追求家庭幸福和谐上。

——材料选自琚金民《父母争吵，你如何当好和事佬》

主编提点：

在家庭中，父母发生争吵，做子女的是最好的和事佬。在劝解父母时，要跟他们讲理，更重要的是讲情，从家人之间的感情入手，情理结合，才能达到最佳的劝说效果。而且，我们懂得调解父母的矛盾，也会让父母觉得我们懂事了，长大了，让父母感到欣慰。

第三章

会沟通，要考虑他人

在日常生活和学习中，我们难免要与人沟通，但沟通的成功与否，往往和我们的态度有很大关系。培根说过："和蔼可亲的态度是永远的介绍信。"想要良性沟通，我们要善于考虑他人感受，从他人立场出发。

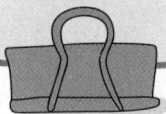

前面说了沟通就是人与人之间的交流。也就是说，沟通是相互的，不是单个人自言自语，自说自话；不是自己明白了就可以；也不是自己先抢着把话说完了就了事；更不是像晓明同学在综艺节目里说的那样："我不要你觉得，我要我觉得。"沟通有目的，有连接，有互动，有反应，有感知，有情绪，有温度。

　　好的沟通，一定要先考虑他人。我们在沟通过程中，要了解别人的感受，感知别人的需求，体贴别人的难处，理解别人的动机，宽容别人的失误，积极帮助解决别人的瓶颈和问题。多考虑他人，是衡量一个人适应社会的能力的重要尺度，往往也是考量一个人受欢迎程度的重要指标。如果我们都能将心比心，换位思考，永远真诚，那么，这世间就没有什么问题是沟通不了的。

1. 他们的沟通为何成功了

一个人想要成功，就应该懂得把自己置于众人之下。在沟通中，多肯定别人，照顾别人的感受，而少强调自己，你才能得道多助！

在哈佛留学的许安被教授邀请去做一个实验。在实验室里有两个全身赤裸的男人，教授告诉许安，这两个人出身相同，智商水平相当，但现在一个是成功者，一个是处处碰壁的失败者，请许安分辨。许安看了半天，也看不出来哪个是成功者。

教授宣布实验结束，两位男士可以说话了。其中一位对教授说道："乔，实验终于完了，我想你肯定很高兴吧？"他又对许安说："这个实验对你肯定也是很尴尬的经历，希望下次你能感觉好些。你们的研究一定很重要吧？"而另一位却说道："每次实验你们都会找我，我就知道你们离不开我。这场实验下来可累死我了，比工作一整天还累！"等两位男士离开后，教授问许安，现在可以分辨了吗？许安说："他们开口说第一句话，哪位是成功者就已经很明显了！"

相信大家也都看出来了，第一位是成功者，因为他在说话时总是注重别人的感受；而第二位一开口总是强调自己，暴露了自己的自私和狭隘，让人厌烦。这样的人很难得到他人的支持，也很难走上领导岗位。注重他人的感受，尽可能少地强调自己，正是很多成功人士共同认可的沟通秘诀！

　　苏联的苏维埃政权刚建立时，有些反对党派的人反对列宁，他们蛊惑一群最精锐的士兵去伏击列宁，差点要了列宁的命！列宁逮捕了这些士兵。不久后，德国进攻苏联，前线急需战士。这些士兵写信要求去前线，列宁允许了，他对士兵们说："你们都是这个国家最优秀的士兵，虽然曾经因为受他人蛊惑，对新生的苏维埃政权有敌意，但是当国家遭受欺凌时，你们依然愿意冲在最前头，跟敌人血战到底，你们都是真正的爱国者。我预祝你们在前线取得胜利，早日将侵略者赶出我们的国土！"士兵们热血沸腾，他们不但更加坚定了参加战斗的决心，也改变了对列宁的态度，成了列宁的拥护者！

如果当时列宁说"你们都是有罪的人，是我宽容大度给了你们戴罪立功的机会"，士兵听了会怎么想？但是他没有这么说，不但不提自己，反而一直在赞扬士兵，收获了他们的拥护！成功者在说话时，总是淡化自己的作用，照顾他人的感受。即使他们可以夸耀自己，也从不这样做，而是把更多的赞美和鼓励给别人，激发别人的信心，最终赢得他人的拥护和支持！

女演员成名之前曾和知名演员搭档演过一部电视剧。在那部电视剧中，知名演员是绝对的主角，作为前辈，他也给了女演员很多帮助和指导，让女演员受益匪浅。

在电视剧杀青的时候，女演员特意去找知名演员道谢，知名演员却说："一部电视剧光靠一个人哪能行啊？这些天，你的努力和认真我都看在眼里，这种努力和认真的劲头儿，不但让你演的角色活了起来，给电视剧增添了光彩，同时也给剧组带来了很多正能量，带动了很多人的积极性！导演找你真的没找错，这么出色的演技，再加上这么漂亮的外形，你给这部戏加了不少分，一定有很多观众会因为你爱上这部戏的！"女演员听了这些话，很是感动。

面对还是新人的女演员，知名演员丝毫不提自己，而是肯定了女演员的付出和功劳，让女演员深受感动。后来，知名演员自己做导演，之所以有那么多人支持，和他这种总是把功劳让给别人的沟通方式也是有很大关系的！真正想要取得成功的人，他们不会在乎一时的得失，因而，在话语中他们总是会肯定别人，而不去强调自己。这样的人，才能成为一个团队的核心！

——材料选自亚明辉《他们的沟通为何成功了》

主编提点：

照顾他人的感受，是沟通成功的关键。任何人在沟通时最关注的永远是自己，所以如果你想让自己的话走进别人心里，就把说话的重点放在对方身上，照顾对方的感受，赞扬对方的优点。如果你总是强调自己，往往会让对方缺乏谈话兴趣，你们的沟通也很难达到预期的效果。

2. 人有一善，口角春风

中国现当代著名文学家梁实秋对胡适的评价："人有一善，胡先生辄津津乐道，真是口角春风。"意思就是说，胡适从来不在人背后说别人的坏话，只说别人的好话，就像春风一样令人舒服。这大概就是人的一善吧。

赵匡胤当了皇帝后，李昉被提拔为翰林学士，当时赵普已经失去了赵匡胤的信任。李昉和赵普曾经因为意见不同产生过误会。有一天，赵匡胤突然问李昉："赵普这个人怎么样？"对于一般人来说，报仇的机会总算来了，添油加醋、夸大事实、道听途说……哪怕李昉稍微说赵普一句不好，就可以给赵普很大的打击。可是李昉却出乎意料地回答了皇上的问话，他说："我就是个写诏书的，对于赵普的为人不太了解。"虽然赵普最终还是被外贬，但是他对李昉，还是颇为感慨："人家在关键时并没有对咱落井下石，这正是他的一善。"后来赵普当上宰相，还是继续把李昉安排在皇帝身边。

如果我们仔细分析，就会发现这里面的问题。皇上与李昉的这段问话，是在很保密的情况下发生的，那么又是怎样传到赵普的耳朵里的呢？说明世上没有不透风的墙，任何保密其实都是保不住的。你只要在老板面前说了别人的好话，迟早都会传到别人的耳中，终有善报。相反，就是恶报。

有个工厂经常让员工加班，但是厂里连个慰问都没有，奖金也很少。工友们推选老王去找厂长讨说法。老王气愤地说："我

要好好训训厂长。"到了厂长办公室，老王对秘书说："我叫老王，是约好的。"女秘书连忙解释："厂长有交代，说您今天要来。他正接待一个客户，嘱咐我一定要给您泡一杯上好的冻顶。"女秘书端来茶水和一碟小点心。老王接过茶问："你没弄错吧？我是工友老王。""当然没弄错，您是厂里的老职工，厂长说你们最辛苦，经常忙到夜里10点，心里很是过意不去。"正说着，厂长走进来跟老王握手："听说您有急事，坐下慢慢谈。"不知为什么，老王憋的那一肚子怨气，一下子全没了，起身告别离开。

你们最辛苦了，我很过意不去。

老王的态度为什么会发生 180 度的大转弯，答案很简单。厂长背后说老王的好话，大大出乎老王的意料，不仅对他的工

作表示了肯定，也给足了老王面子。老王感受到了厂长的肯定，成就感一下得到满足，自然对厂长心存感激，先前一肚子的怨气也就烟消云散。

国家一级演员韩童生，第一次演的戏是《大风歌》，这是刘邦死后吕后阴谋篡权的故事。他在剧中扮演一个卫士，台词只有四个字："郦商闯宫。"排练那天，韩童生声音洪亮，字正腔圆，喊出了这四个字。导演叫停，对他说："就四个字，不能这么处理，声音要大，不是大就好，你得分析扮演的这个人物是在什么情况下，喊出这四个字的。别看只有四个字，但不能简单处理，因为这是全剧的第一句话，是给全剧定调子的一句话。"为了喊好这四个字，韩童生喊了一千多遍。正式拍戏，导演非常满意。有一次导演对别的演员讲："你们都应该向韩童生学，四个字的台词喊了一千多遍，角色再小也不马虎，要像演主角一样下功夫。"韩童生知道后很受感动，发誓以后也一定要演好戏。

培根说："如果说人前说人好话难免有讨好、奉承之嫌，那么背后说人好话则是真心实意地对别人好。"一个真正为别人着想的人，背后总是可以为别人说好话。看一个人善不善良，不需要看别的，只需要看他张口说话就行。满口良言，此种人多为君子。

《韩非子》里有句话："君子不蔽人之美，不言人之恶。"不要掩盖别人的优点，也不要随便议论别人的缺点。优点是可以培养出来的，缺点是可以改变的。

——材料选自《演讲与口才》2019年第16期河中渔《人有一善，口角春风》

主编提点：

一个人嘴上最大的善，莫过于不说别人的坏话，只说别人的好话。无论是人前还是人后，多发现别人的优点，多说别人的好话，都会为你的形象加分。因为，你怎么说别人，其实体现的是你自己的品质。总说别人的好，说明你心怀善念，总是能看到别人的好。

3. 一样事，两样说

生活中的每一天都会有事情发生，这些事情不可能全是好事，也不可能全是坏事。但无论是好事，还是坏事，我们说的时候都要保持积极向上的态度。

有位妈妈去开家长会，老师说："你儿子有多动症，三分钟都坐不住，你最好带他去医院看看。"回家的路上，儿子问妈妈，老师说了什么，她鼻子一酸。因为全班30位小朋友，只有儿子表现最差，唯有对他，老师表现出不屑。然而她还是告诉儿子："老师表扬你了，说宝宝原来在板凳上坐不了一分钟，现在能坐三分钟了。其他妈妈都很羡慕我呢，全班只有宝宝进步了。"那晚，儿子破天荒吃了两碗米饭，而且没让她喂。孩子上了初中，又一次开家长会。她坐在座位上，等着老师点儿子的名字。每次开家长会，儿子的名字总是在差生行列中被点到。然而，这次却出乎意料，直到结束，都没听到点儿子名字。她有些不习惯，去问老师，老师说："按你儿子现在的成绩，考重点高中有点危险。"等儿子问她的时候，她说："班主任说了，只要你努力，是有希望考上重点高中的。"后来，这个孩子不仅考上了重点高中，还考上了清华大学。他把一封印有"清华大学招生办"的特快专递交到妈妈手里时，哭着说："妈妈，我知道我不是个聪明的孩子，可是，这个世界上只有你能欣赏我……"

这位妈妈是多么伟大啊，当老师对她的儿子做出负面的评价时，她却能转换角度，用欣赏的眼光，从积极的角度去表达，给予儿子信心和力量。一样的事情，不一样的说法，就能产生

不同的效果。这就是语言的神奇之处。多用赞美、鼓励、温暖的语言说话，就能给人力量和信心。

有家工厂为了提高效率，让工人以记工作日志的形式，详细记录自己的工作情况，作为绩效考核的依据。一周之后，领导发现一车间工人工作积极，效率提高，而二车间却恰恰相反，工人出现了抵触情绪。问题出在哪儿了？原来一车间主任对工人这样传达："公司要求大家每天写工作日志，统计工作量，咱们平常干那么多活，领导离得远，根本看不到，正好借这个机会好好向领导展示咱们的干劲和努力。"二车间主任这样传达："公司要求大家写工作日志，统计工作量，纳入绩效考核，以提高咱们工厂的工作效率。"工人们听了，心里就有情绪，感觉这是领导在监督，让他们多干活。

有句话是："我不在意你说什么，我在意你是在为谁说。"一样的事情，一车间主任站在工人的角度，说出这种做法对车间和工人的益处，工人们就能欣然接受；二车间主任却单纯强调工厂对工人的监督，不考虑工人的感受，起到了反作用。一样的事情两样说，效果完全不同。尽量站到听者的角度说，这样才更有说服力。

一开始的时候，美国是英国的殖民地。他们刚组建军队的时候，大部分都是从英国来的年轻人，许多士兵喜欢模仿英国绅士，手拿一根手杖。这严重影响了部队的行动效率。长官对士兵们说："谁拿手杖就处罚谁！"可那些士兵还是不愿意丢掉手杖，反而说："这是我们的习惯，你不能强迫我们！"长官苦思冥想很久，对士兵们说道："是我疏忽了，有些人身体瘦弱，风一吹就倒，确实需要手杖。好吧，以后弱不禁风的人可以拿着手杖！那些壮得像牛一样的小伙子，我相信你们不需要它！"此话一出，士兵们纷纷扔掉了自己的手杖！

士兵们拿手杖，是沿袭了英国人的习俗，很难更改。长官用严厉的命令，强迫他们，很难起到作用。于是长官换了一种说法，允许体弱的人拿手杖，而称赞不拿的人是强壮的小伙子。兵营里的战士都崇拜强者，谁愿意承认自己弱不禁风呢？考虑别人的感受，用别人更容易接受的说法，你的话语才能走进对方心里！一样事，两样说，关键看你怎么说；用不一样的态度和语气，效果完全不一样。

——材料选自赵琪《一样事两样说》

主编提点：

一样事，两样说，为什么效果大不相同？关键在于你说话之前有没有为别人着想。你是只想着发泄自己的情绪，还是会想到自己的话别人能不能接受，会不会打击别人的积极性，能不能给别人鼓舞和希望。你为别人着想得多，就能找到别人更容易接受的角度，说出动人的话。

4. 先谈情，后讲理

与人交谈，总会有自己总结和领悟出来的见解，小到为人处世之道，大至齐家治国之理。如果开门见山就神侃一番，难免给人以突兀、冒失之感；而假如情意先行，所起到的效果则截然不同。

先谈怀旧之情，后讲脚踏实地之理

倪萍重回荧屏，主持央视一套的大型公益寻人节目《等着我》。一次访谈中，记者问她："阔别十年，重新回到央视舞台有什么样的感受？"

倪萍微笑着说："我第一次走进新台演播厅的时候，是摇摇晃晃的，那里像个迷宫一样，让我不停地感叹今非昔比。想起当年我刚离开主持人岗位的时候，几家地方台的领导找我，希望我能去他们那儿做节目，不算年轻的我口出狂言："你见哪个运动员打完国家队再打省队？"现如今省队的都在打国家队！这种变化是我那时无论如何也想不到的。而今阔别十年了，教练都该换成第二拨了，但栏目很想为重新出山的我打造一番。于是，他们帮我设计了一系列的宣传计划，大有把我'炒爆'的架势。罢了，罢了，亲爱的小同事们，这不是唯一的手段。我们踏踏实实地把节目做好，好馆子会有回头客的。你们努力打造我，能打造成谁？能收拾到18岁？这很不靠谱。所以我卸下了所有的耳环、项链、手镯，放弃了华丽耀眼的衣服，简简单单、干干净净地出场了。"

别"炒爆"了，干干净净就行！

当年急流勇退，今朝重返昔日舞台。面对记者的询问，倪萍回顾了旧日巅峰之际的美好时光，表达了对逝去辉煌的感慨和重新走进央视的不适应。在抒发了自己的怀旧之情后，当即回归现实，清醒地阐明自己会怎样去做，以及应该怎么去做，既让大家看到一个充满人情味的、实实在在的明星人物，又让大家认识了一个敢于面对现实、勇于挑战自己的自信的倪萍。

先谈理解之情，后讲扬长避短之理

姜亮夫惊叹于陈寅恪的语言广博，他对老师黄侃说："我自己的根底太差了，跟寅恪先生无法比！"黄侃说："你也不必这样讲，我们的古人，谁又能够懂八九国的语言呢？他们难道没有成绩吗？乾隆时期的王念孙虽然一样外文不懂，难道他不是一个大学者吗？难道他没有成绩吗？所以学问的问题，只问你钻研不钻研。钻研总是有路子，你不钻研就什么路子都没有。各人要根据各人情况来钻研。"听了这番话，姜亮夫的心才渐渐地平静下来。

面对陈寅恪的多学，姜亮夫不免妄自菲薄。黄侃先是安慰他不要强求自己追求完美，并用清代的名人来比照，消除他的自卑心，表达了自己对爱徒的关心和理解；而后又一板一眼地指导姜亮夫，告诉他立足自己，扬长避短，一心钻研才会有所成的道理。这一番话语，先情后理，不但让姜亮夫感受到老师的平易近人，而且让他坚定了自我的追寻和发展。

先谈悲悯之情，后讲克己奉公之理

三国时，魏明帝曹叡生活奢华，大兴土木。尚书卫觊上书说："现在，千里荒凉，没有人烟；残存下来的人民，贫苦穷困。陛下如果再不留心照顾，国家将更凋零，永不能复兴。武皇帝曹操时，皇宫每餐不过一盘肉而已，衣服不穿锦绣，坐垫边缘不加任何修饰，所用器具，不用朱砂油漆。因为如此节俭刻苦，

生活不可奢侈，我举几个例子。

他才终于平定天下，把福分留给子孙。当前的重要工作，应请陛下跟臣僚，上下同心，检查国库，控制预算，不做额外开支。量入为出，还怕不够。工程不断，奢侈物一天比一天增多，国家财政，终会枯竭。从前，刘彻相信神仙，认为必须用云端的露水，调和玉石粉末，喝下才可长生，所以铸成神仙手掌，伸到半空，承受高处云露。陛下通达聪明，对刘彻的行为，每每嗤笑。刘彻希望得到露水，人们还对他抨击；陛下并不希望得到露水，却去把承露盘运来，摆在那里，毫无用处，却耗费那么多人力物力，这些，陛下都应该深思，自我克制。"

为了劝说魏明帝放弃个人私欲，卫觊先是描述了百姓的困苦生活以及先帝曹操的节俭与自制，以悲天悯人之情感之；待魏明帝心肠软下来之后，再以直臣的态势，将治国的举措一一道来，强调克己奉公才是当前国富民强的关键所在。一番先情后理之言，让魏明帝更愿意接受和改正自己的失误。

情能感人，理能服人。情仿佛一道开胃菜，先谈了情，在他人胃口大开之际再去讲理，才更容易把理讲透，讲到对方的心里。先谈情，后讲理，情理搭配，可谓相得益彰。

——材料选自柳阳军《先谈情，后讲理》

主编提点：

理最能服人，但是说理往往很生硬。甚至有的时候，单纯说理会给人一种说教的感觉。所以，讲理之前先讲情。在讲情的时候，我们先把自己的情感投入进去，那我们的情绪会更柔和，话语也会更真诚。在情感的感染下，我们再去讲理，就会事半功倍。

5. 别让朋友当"背锅侠"

　　《红楼梦》里，雪雁好比是林黛玉的同班好友。小升初时，她们一起升入了同一所初中，按理说该情比金坚，不想林黛玉在这里结识了新好友紫鹃，从此差点把雪雁当路人。是喜新厌旧的人性弱点作祟吗？其实不然，只需看第57回，雪雁、紫鹃各自的一段对话，便可明白林黛玉进行区别对待的原因。

　　这天，雪雁去太太王夫人房中取东西，回来时对同宿舍的紫鹃说："刚才我在太太那里时，太太房中的赵姨奶奶招手叫我过去。原来她和太太告了假，出去给她兄弟送殡，要借我的月白缎子袄儿当丧服。借我的弄脏也是小事，可是这赵姨奶奶平时不受宠，跟咱们也没什么来往，凭什么要借？于是我说：'我的衣服都是舍长林姑娘叫紫鹃姐姐收着呢，要借还得跟她们说，很麻烦，这样一来会误了您老出门，不如去借其他人的吧。'"

紫鹃笑道："你倒鬼精灵，你不借给她，你往我和姑娘身上推，叫人怨不着你。"

姐姐，帮我背个锅。

你倒鬼精灵。

　　纪伯伦说："友谊永远是一个甜柔的责任。"那种动辄有事往朋友身上推，平白无故让朋友背锅的人，谁还敢跟他愉快地玩耍呢？推卸责任无疑也是把友谊拒之门外。雪雁不肯借衣服给班上最受冷落的赵同学，又不愿背负势利的恶名，干脆推说衣服在好友林黛玉那里，反正对方的"人设"是高冷小气，让人怀疑不到自己头上。而且，雪雁转移黑锅的话张口就来，连腹稿都不打，可见以前没少让林黛玉背锅，难怪后者在整个青春岁月里，跟"高级推手"雪雁基本上是零交流。

　　林黛玉和贾宝玉自小青梅竹马，但两人的事一直没有被提上议程，林黛玉为此积郁成疾。紫鹃暗暗着急，于是这晚开"卧谈会"时自言自语道："一动不如一静。别的容易，最难得的是从小一起长大，脾气性情都彼此知道的。"

　　黛玉啐道："你这几天不累吗？趁这机会还不早点睡，还有精力八卦什么呢？"

　　紫鹃笑道："我是一片真心为姑娘。公子王孙虽多，哪一个不是朝三暮四的？姑娘又是这样无父母无兄弟的人，有老太太撑腰还好，若没了老太太，也只是凭人去欺负了。所以说，

我一片真心为姑娘。

疯了不成！

去求老太太拿主意要紧。俗话说："万两黄金容易得，知心一个也难求。'"

林黛玉嘴里骂紫鹃"疯了不成"，却把好友的话听了进去。

法国作家莫罗亚说："真正的友谊，总是预见对方的需要。"换句话说，好的友谊是能为对方着想。紫鹃能洞见林黛玉的隐秘心事，而这段心事又困扰得好友寝食难安、健康打折。尽管林黛玉自尊心极强，被人说中心里话会辛辣回击，可为了帮她走出困境、恢复健康，紫鹃还是甘愿冒险，善意敲打林黛玉："你得放下矜持，去找那个能帮你解决问题的人才行！"结果不出所料，被林黛玉毒舌回骂，不过却换来"一时一刻两人都离不开"的真情。

雪雁视朋友为"背锅侠"，有锅就往朋友身上甩。紫鹃把朋友放心上，时时刻刻想着朋友，为朋友打算。所以她们在真性情的林黛玉这里的待遇也有了云泥之别。因此，对待友谊，我们应该付以真心，不能让朋友当"背锅侠"。

——材料选自《演讲与口才》（学生版）2018年第8期赵尉琪《"推敲"之谊，云泥之别》

主编提点：

雪雁有事就把责任推到朋友身上，让朋友背锅，这本质上是一种自私；紫鹃善意地敲打、提醒朋友，为朋友着想，赢得真诚友谊。

总结：凡事多为他人着想一点，有了责任自己背，不要推到朋友头上；朋友遇到困难，多替他操心，帮他想出解决的办法，并给予提醒，在自己能力范围内帮他一起解决，这样才能和朋友关系越来越好。

6. 拒绝是一门学问

拒绝是一门学问，也是一门艺术，学会拒绝，艺术地说"不"，会使我们免除不必要的麻烦，不会因为拒绝而得罪人。

70多年前，有位忠实的读者给巴金写信，提出要去拜访他的请求，信里满是对巴金的仰慕和敬佩。就像现在追星的孩子，迫切地想见到自己的偶像。巴金回信说："对于作家，还是看他的文章有意思。我自己也有这个经验，有时因为认识了这个人，连他的文章也不想看了。自然伟大的作家不在此列。他们的生活与思想是一致的。不过我还够不上，因此我还是希望你读我的文章。"

巴金的拒绝很委婉，又显示了他谦逊的品质，同时拿自己的经验举例也讲明了道理：我不是伟大的作家，见面后你可能会失望，不会再读我的文章了。相见无益，不如不见。

李雪健曾经为一个药企代言，有一句著名的广告语"没声音，再好的戏也出不来"，后来李雪健在《搭错车》里演了一位哑巴父亲。角色和他那句广告语自相矛盾，李雪健很后悔，决定以后不再接广告了。

有一次，有家药企请他代言，报酬丰厚。李雪健说："我曾公开说过不再接广告了，如果为你们代言，观众会说我说话不算话，一个说话不算话的人代言的产品怎么可信？所以，你们找我代言不合适，浪费钱。"

李雪健坚持自己的原则，不接广告。生硬的拒绝会失了风度，他从对方的角度考虑，把道理、得失分析得清清楚楚，对方也容易接受。这样的拒绝充满了生活的智慧。

曼联足球队的功勋教练弗格森不仅是位足球战术大师，还具有很高的沟通技巧。当年在欧冠决赛前，有英国记者问："决赛即将到来，能谈谈你的战术吗？会不会和对手打对攻？"弗格森反问："你的报道在发在报纸上之前，会不会让读者知道你写了什么？"记者笑了，她明白了弗格森的意思。弗格森笑着说："关于战术，明天决赛你就知道了，为了我们的胜利，请耐心等待。"

能谈谈决赛的战术吗？

发报之前，你会让读者知道你写了什么吗？

被拒绝的人总会感到不愉快，如果他理解了你拒绝的原因和苦衷，就不会怨恨你。弗格森通过一个反问，让记者推己及人，换位思考，既保守了战术秘密又让记者愉快地接受，这就是拒绝的艺术。

——材料选自明月夜《拒绝的艺术》

主编提点：

巴金用自己的经验说事，告诉对方这样做毫无益处；李雪健为对方考虑，告诉对方找自己代言是浪费钱；弗格森推己及人，让对方理解自己不能说的原因。

总结：如何拒绝别人呢？以上三位名人的方式值得我们学习。

7. 偶尔，也要懂得闭嘴

真正会说话的人，他们的说话技巧，实际上全依仗的是不说话时的技巧。海明威说："我们花了 2 年学会说话，却要花上 60 年来学会闭嘴。"懂得管住自己的嘴巴，不随意评价他人，其实就是一种善良。

某次，林小平和老公打算购买某二手房，于是约见了房主。房主看起来 50 岁左右，来的时候带了一个 8 岁左右的小姑娘。见面时，为了打破僵局，林小平先开了口："呀，这小姑娘真漂亮，是您的孙女吗？"房主一脸不高兴地说："是我女儿。"林小平的老公见状，立马打了个岔："看您是开车来的，住的地方离这不太近吧，真是麻烦您了。"房主连连摆手说："不麻烦，不麻烦，就住在 × × 小区。"林小平一听，又来劲儿了："啊，我知道那个地方，就在七里屯那一片儿对吧。"房主没吱声。多亏了老公又成功把话题转移，才避免了又一次的尴尬。后来，林小平收到老公发来的一条短信："如果不懂，能不能闭嘴？"

苏格兰哲学家托马斯·卡莱尔曾经说过"雄辩是银，沉默是金"。聊天也一样，要学会留白，要时刻谨记懂得闭嘴是教养。

是我女儿。

这是您孙女吗？

胡小玲本来有个密友王玉，可是后来受不了对方的絮絮叨叨，终于绝交。王玉喜欢絮叨自己的幸福。胡小玲去美国后，经济上有困难，王玉却夸耀自己如何如何赚钱；胡小玲已孀居多年，王玉却去信大谈自己与丈夫的浓情蜜意，全然不顾及胡小玲的离群索居。

　　有时，你想要把乐事分享给人，无心炫耀一下，也许就是别人心中的一根刺。你觉得耿直是真性情，但也要分对象、分场合。耿直得句句戳心，再亲近、再不拘小节的朋友，也会渐渐疏远你。懂得闭嘴，才是高情商。

　　益智类的答题节目里，主持人问到嘉宾时，都会在公布结果"回答正确"或是"回答错误"之前刻意空出一段时间，或者再一次问"你想好了吗""不再改了吗"。接着，就在大家已经忍耐不住的一瞬间，说出"正确"这两个字。如果没有前面的"停顿"时间，再怎么用凝重的声音说"正确"，都不能

你想好了吗? 不再改了吗?

让挑战者有一种攻破难关的感觉。正是有了这 10 秒以上的"停顿"，才使得主持人的话显得生动有力。

闲聊时也一样，想要让对话更加愉快地进行下去，一定要给对方留有"停顿"的余地，充分了解听者的反应之后，再组织后面要说的内容。

主编提点：

林小平盲目提问，两次让谈话陷入僵局；王玉不考虑他人境况只顾秀幸福，失去挚友；益智类节目主持人公布结果前故意停顿，让话语生动有力。

总结：凡真正会说话的人，是会在该讲话的时候大胆表达出自己的观点和意见，在不该讲话的时候，懂得适时闭嘴，这样人际关系才会越来越好。

8. 如何说走犯错者的内疚感

　　那些犯错之人，在他们认识到自己的错误之后，往往会为自己犯下的错误而后悔，心中有一种内疚感，以至于不能迈开前行的脚步。这时，我们该如何消除犯错之人的内疚感呢？

　　元朝有位姓王的将军，从蒙古族大商人处得来了一对精美的玉杯，每逢宾客登门他都要拿出来让客人观赏。有一天，王将军宴请一拨当地的名流，照例拿出玉杯供客人们欣赏。这时，一个近视的客人为了看个仔细，把这对玉杯高高举到眼前，一不小心，玉杯砰的一声双双坠地。

　　在场的人们见状，个个吓出一身冷汗。那位失手摔了玉杯的客人更是吓得瑟瑟发抖。然而，王将军却像没事一样，叫人清扫了玉杯残片后，拉起那位客人的手，大笑着说："哈哈哈，世上任何东西都有个寿命，这对玉杯也像人一样，阳寿尽了，寿终正寝了。没你的事，是它自己要走的，谁也拦不住。来，喝酒！"一席话让现场气氛轻松了不少。

一般人遇到这样的情况，肯定会歇斯底里，宾客也会不知所措。然而，王将军却说出了一番让人始料未及的话。他把让人痛惜的大事化成了小事，把严峻的问题用幽默的比喻来化解。这番话过后，让失手犯错的客人压在心中的石头落了地，走出了内疚的泥淖。王将军之所以能这样说，是因为他有着敬人律己的宽宏大量，有着视友谊胜过家财的高风亮节。

作家张辛欣曾在《收获》上发表文章，强烈批评曹禺。当时人们都把矛头指向张辛欣，认为她不知天高地厚。毕业分配时，许多单位都拒绝了张辛欣。富有戏剧性的是，在无路可走的情况下，巴金推荐她到北京人艺当导演。这可让张辛欣为难了，院长曹禺可是自己写文章批判过的啊。曹禺知道了张辛欣的心事后，找到她说："初生牛犊不怕虎，可我不是虎，请你放心。你能抛开顾虑，打开天窗说亮话，说明你很纯真；你能说出自己的见解，说明你有自己的思想；你不顾门第敢于批评，说明你无私无畏。年轻人就是要这样大胆，这很好，希望你放开手脚，丢开包袱放心地干吧。"一席话把张辛欣的心说亮堂了。

张辛欣莽撞地批评前辈、名家，但对方并未怪罪，还将她接纳到了其麾下，此时张辛欣内心的内疚感是可想而知的。一起工作后，曹禺不仅没有为难她，还把她的稚嫩鼓励性地说成了优点，轻松中藏幽默、平实中含哲理，让内疚的张辛欣抛开了思想顾虑，看到了希望。曹禺果然是大家，其宽阔的胸襟、豁达的态度，常人无可相比，这些品质也全都在他的话语中得到了彰显。

魏德曼和比尔斯都是美国的农场主。在开发一块相邻的土地时，魏德曼一不留神把比尔斯的土地刨了一垄过来。第二天，比尔斯发现了这一情况，便把魏德曼约到附近的冷饮店里喝饮料。魏德曼因为做了错事心中有愧，跟比尔斯说话吞吞吐吐，最终道出了心中的内疚："我把你的地刨了一垄过来，真不好意思。"比尔斯却故意说："没有的事，我们两块地的分界线正好对着这冷饮店的大门，现在不照样是这样吗？你一个大农场主会这样贪小？不可能，不可能，你在说笑话吧。不过我今天下午还有事，就不上地里去了，待明天有空我再去看看。你就别再诓我了，魏德曼兄弟。"第二天，当比尔斯来到地里时，地已复原如初。

魏德曼因为心中有愧，不把心中的内疚解释清楚难以释怀。然而，善于为他人考虑的比尔斯，看到对方已经主动把事说穿，

知道对方心中很内疚，就故意假装糊涂，用"模糊应对"法把小事说无。这样，既保留了对方的面子，让对方下了台阶，又给了对方改正错误的机会，换来了对方的真心感激，收到了良好的谈话效果。

一个人在犯错之后有内疚感，说明他已经认识到了错误。那么，何不说些宽慰的话去消除对方的内疚感呢？只有饱含着真挚情感、宽宏大量的话语，才能减少对方的内疚感，让对方卸下思想包袱，轻装前进。

——材料选自赵元里《说走犯错者内心的包袱》

主编提点：

王将军把大事说小，减轻了客人的心理压力；曹禺把张辛欣的错误说成她的优点，燃起了张辛欣的希望；比尔斯把小事说无，给了魏德曼台阶下。

总结：别人犯了错误，我们照顾他的感受，帮他缓解心理压力，就会获得对方的好感。

9. 父母的情绪也需要被照顾

俗话说："神仙也有三错。"作为父母，也有做错事、判断失误的时候。这个时候，身为子女，不能对父母大吵大嚷，不能横眉瞪眼，而应该好言相劝，好脸以对。

杨柳子从小就体弱多病，妈妈三天两头带她往医院跑。这天，杨柳子又发烧了，妈妈带她看完病，从医院出来，被一个身穿土黄色僧服的和尚拦住，向她们推销手里的护身符，说是开过光的，很灵验，戴上可以保平安。妈妈爱女心切，只要听说能保女儿平安，她什么都愿意试试，便要去买。杨柳子不耐烦地劝："妈，这肯定是骗人的，买它干什么？"妈妈期盼女儿平安，最终花50块钱买下一个护身符，并要给她戴上。杨柳子粗鲁地推开妈妈的手，一脸怒色："都跟你说了那是骗人的！你非傻乎乎上人家当，要戴你自己戴！"于是赌气走了。回到家，听到爸爸也怪妈妈轻信，杨柳子继续数落妈妈："听风就是雨，真不知什么时候变得这么迷信……"妈妈默默收起护身符，神情黯然。

杨柳子对于妈妈的轻信行为，一上来就不耐烦、不理解地粗鲁劝告、冷言指责，这是做子女的不敬。如果她能耐住性子，对妈妈晓之以理、动之以情地劝解，想必妈妈会听她的。即使妈妈还是听不进去，杨柳子也应该理解、体谅她的爱女心切。如果能抱着这样的心境，杨柳子就不会大声对妈妈吵嚷和责怨了。

周末，方圆和同学约好出去玩，就让爸爸开车把他送到与同学约定的会面地点。出发时，方圆说："爸，用我手机的高德地图帮你导航吧？"爸爸却说："那个地方我好像去过一次，不用导航应该能找到。"结果，爸爸还是走错了路，以至于耽误了时间，同学都打电话来催了。挂掉电话，方圆有点不高兴，他冲动地想对爸爸发脾气，想埋怨他当时不听劝，不让导航。但一想到爸爸推迟了去加班的时间来送他，便忍住了，于是闷闷不语。倒是爸爸一脸歉意："对不起啊，都怪爸爸太自以为是了，害得你去晚了。"听爸爸这样说，方圆也不气了，说："没事的，你又不是故意的。现在到处在建房子、修路，变化大，你又不常开车来这边，走错是难免的。爸，下次记得悉心接纳别人的建议哟。"爸爸连连点头，以最快的速度赶路，以弥补对儿子的亏欠。

爸爸不听劝，走错了路。虽然是他错在先，但是方圆并没有过多地抱怨，反而说些理解爸爸的话，而且好言相劝以后更正自己的行为，这是对父母长辈最基本的礼貌和尊敬。父母的身份，代表着一种威严，这决定了任何时候，子女都要"和言悦色"地对父母说话。做子女的，就要有个做子女的样子。

——材料选自胡运玲《亲有过，吾柔色》

主编提点：

现在很多做子女的，动辄对父母大呼小叫，尤其是父母犯了小错时，他们更是疾言厉色地对待父母。作为子女，尊重父母，首先就体现在对父母的态度上。无论父母是否有错，用柔和的态度跟父母说话，都是子女应当做的。

第四章

会沟通，要懂得赞美

美国著名心理学家威廉·詹姆斯说："人类本性上最深的企图之一是期望被赞美、钦佩、尊重。"在谈话时，适时给予别人真诚的赞美和夸奖，别人会感到喜悦和兴奋，而你也会从中感到快乐，这有助于加深双方的感情，从而使谈话顺利进行。

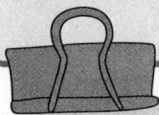

中国人善含蓄，不太喜欢批评，亦不擅长赞美。尤其赞美别人常被觉得是拍马屁。但事实上，赞美是一种修养，更是一种美德，也更应该成为一种习惯。世界上多得是总能发现别人缺点的人，永远能看到别人优点的人则少之又少。但恰恰越优秀的人，越能看到别人的优点。

因为心有格局，所以知人善用；因为追求进步，所以擅取他人之长；因为内心强大，所以经常可以过滤掉别人的缺点；因为目标远大，所以知道多看别人优点才能集聚团队正能量；因为眼界宽广，足够智慧，所以也容易发现别人的优点。

真诚的赞美，是良性沟通的润滑剂，有助于增强人与人之间的友谊；真诚的赞美是美德的镜子，能让你永葆阳光心态。

1. 赞美是最真诚的求助

赞美是最真诚的求助，因为只有真正关注他人、赏识他人、信任他人的人，才会发自内心地赞美对方。如果只是为了求助而耍心眼、阿谀奉承，最终会被人看穿，适得其反。

秦军围攻赵国都城邯郸，赵国的平原君和魏国的信陵君是姻亲，平原君多次向信陵君送信求救，但魏国惧怕秦国，不敢发兵。于是，平原君对信陵君说："世上的人都说，信陵君是真正的君子，从不会眼看着自己的朋友陷入危难之中。我赵胜跟魏国联姻，就是因为仰慕公子你高义，能急人之难，助人脱困。如今邯郸危在旦夕，可是魏国救兵迟迟不来，公子急人之难的情操又表现在哪里呢？"信陵君听到这些话，决心去救赵国。

平原君赞美信陵君急人之难的一面，说明平原君一直在关

你是君子！
我仰慕你高义！
你快来帮帮我吧！

注信陵君，欣赏他、崇敬他。这会让信陵君觉得，平原君在危难时刻把希望寄托在自己身上，那是一种莫大的信任。求人时，真诚地去赞美对方乐于助人的一面，让对方感受到你的欣赏和信任，对方会更愿意帮你！

刘德华成名前，曾有幸和歌坛大哥大林子祥在一个剧组。休息的时候，刘德华主动提出想唱首歌。其他人都笑起来！刘德华说："如果是在别人面前，我可不敢班门弄斧。但在林子祥大哥面前，就另当别论了。因为大家都知道，林子祥大哥是最喜欢提携新人的。我听说有一次，有一个素不相识的流浪歌手找到他，他都认真听完了对方的歌，还给了指点，所以我才斗胆想趁着这个机会请林子祥大哥给我指点一下！"林子祥听到这些话，鼓励他勇敢地演唱，还给了他很多意见，刘德华受益匪浅！

刘德华赞美了林子祥指点流浪歌手的事情，在众人面前颂扬了他没有架子、乐于提携他人的高尚品质，拉近了关系，让林子祥更愿意指点自己。赞美是在传颂别人的美德，能拉近彼此的心理距离，让别人更加愉悦地接纳你、帮助你。

——材料选自亚明辉《赞美是最真诚的求助》

主编提点：

平原君赞美信陵君，获得帮助；刘德华赞美林子祥，获得提携。

总结：通过赞美别人，给别人树立一个热心助人的"人设"，能让对方更愿意帮助你。

2. 劝人要先美其长

曾国藩有言："劝人不可指其过，须先美其长。人喜则语言易入，怒则语言难入，怒胜私故也。"这就是说在说话之时，不妨先赞美对方的长处，这样一来，势必会减少对方的抵触情绪，从而易于让劝说达到既定的效果。

一位歌唱家出道之初，为了迅速成名，打算自掏腰包在维也纳金色大厅举办专场演出，他把这件事告诉了好友。好友听后，觉得他这样做并不妥当，为了劝说他打消这个念头，就如此言说道："金色大厅那可是全世界最有名的演出场所了，你能争取到在那里演出，着实难得，表明咱具备了相当高的水平。但我也听说，只要是出租金，稍稍有名气的人都可以在金色大厅的空当期举办演出，你要是真去了，人们对你会抱有什么样的看法呢？名声有时候往往是欲速则不达，我认为凭借你的实力，只要是好好努力，不久金色大厅会主动邀请你前往。"听了这样的话语，歌唱家就放下了原来的想法。

国立你怎么看？

水平高，何不等相邀！

　　自费到金色大厅演出，刚出道的歌唱家当时一定是在兴头上的，好友如果直言劝说这样做不妥当，不但不能起到好的作用，还会引来对方的不满。好友先是进行了一番夸奖，言称歌唱家能争取到那里演出很"难得"，"具备了相当高的水平"，而后才表达出了自己的真实看法，最后更是表示出努力就会被邀请前往的看法。这样的劝说，起到了很好的效果。

　　钱学森刚从美国回国的那一段时间，由于在国外待的时间长了，无论说话还是做事，都是国外的作风，直来直去，很容易刺伤别人，有时候甚至让身边的人下不了台，这对他开展工作很是不利。他的秘书张可文看在眼里，觉得有必要劝说他改变这样的作风。有一天，碰着机会，张可文说："钱先生，您从美国回来，带过来的可是一股昂扬向上的风气，为了科学可以不惜一切代价，从不去考虑个人的得失。我觉得在不久的将来，咱们的科学发展一定能够登上新的台阶。不过有些小问题我还是得指出来，您说话时一定注意要给人留点面子，俗话说人有脸树有皮，你说出来可能不觉得有什么，可别人却接受不了，这样岂不是影响到跟大家的合作？"一番话说得钱学森点头称是。

我再提点小问题！

受您影响
祖国科学
必定蒸蒸
日上。

137

身为爱国科学家，钱学森当然希望听到祖国科学事业蒸蒸日上的话语，张可文的劝说一开始就道出了这点，言称是在钱学森的影响下，风气变得昂扬向上，将来一定会有大改观，接着用中肯的话语指出钱学森在说话方式上存在的问题，并且把如此为之的负面影响点了出来。整番话语里，先有称赞，然后有委婉的指责，让人听后能够坦然接受。

道尔顿是英国杰出的化学家，由于出身贫寒，年仅 15 岁的他便离开家乡到外地自谋出路，最终选择去了一所学校给校长当助理，打算借助这样的工作既能养活自己，又能读到书。他坚持做了十余年，可并没有什么收获，不免产生了气馁的情绪。校长是个非常善良的人，就劝他说："这些年来，我眼中的你可是积极勤奋的，每天早早就来到办公室，很晚才离开回到住处。年纪轻轻的你能这样坚持，我都自叹不如。不过人不能把眼睛盯着成功，它有时候就在不远处，但你就是看不见它，只要你能坚持自己的想法，目不斜视地坚持往下走，终有一天会与它迎面相撞。"道尔顿听了校长的话，不由得为之前的气馁情绪自责不已。

面对道尔顿产生的气馁情绪，校长话语之中饱含鼓励，一张口就肯定了他的超人之处，能如此坚持让自己也自叹不如，然后指出如果坚持的目的只是为了成功的话，人生将会存留太多的遗憾，只有坚持往下走，不存在太多的功利心，最终才能取得成功。校长先赞美道尔顿的长处，然后说出内心真实的意图，就会很容易让对方信服。

——材料选自齐然《劝人要先美其长》

主编提点：

劝解别人，本质上是指出别人做得不好的地方，希望他改正。要直接指出别人做得不够好的地方，难免会让对方心里不舒服。这个时候，我们选择先赞美对方，通过赞美一方面可以拉近我们和对方的关系，另一方面也会让谈话的氛围更融洽。在赞美中去劝解对方，他会更容易接受。

3. 具体入微的赞美更深刻

　　"世事洞明皆学问，人情练达即文章。"立身处世，我们要懂得察言观色，要不吝表扬，给予别人赞美。但是泛泛而谈的赞美，并不会给被赞扬者留下任何的印记。越是好的赞美，往往越具体入微。

　　中国台湾街头艺人陈曼青参加浙江卫视《我看你有戏》的比赛，她精湛的表演获得了导师的一致认同，导师张国立在点评的时候说："这个小姑娘她刚才感动了我一下。你知道吗，因为你看她，从她开始把这故事融入这里，一样一样地做所有东西的时候，你已经感觉到生活已经把她磨炼成一个，就是游走于这些事情上很自如的一个人。但是她刚才说，很可惜，我没有上大学的时候，她声音有点哽咽，就是说这个孩子她是有梦想的。但是她说她是为了家庭的生活，所以她必须到街头卖艺，来负责家里头，贴补家里头的生活。"

面对多才多艺的陈曼青，一贯严谨的冯小刚导演冠以"天才"的称谓。再表扬她的才艺已经显得无足轻重，张国立导师另辟蹊径，稳抓具体细处"哽咽"，说陈曼青是一个有梦想的人，是一个有责任和担当的人。这自然让陈曼青、现场的导师和观众都印象深刻，也让张国立导师的点评与众不同。

张俊在国外求学的时候，有次为获得某项实验数据，一个人在实验室里待了一个夜晚。导师后来对他说："我知道中国人很聪明，也善于理论创造。你有这些优点。而你更让我佩服的是，你实实在在地在实验室里待了七小时，而且一刻也没有休息。其实，你也可以选择将一切设置好后，启动观测仪，然后根据仪器的记录数据去做分析。你选择亲自在实验室待七小时，以获取第一手数据。这就是科学精神，这就是严谨精神。做研究，就是需要你这种舍命精神。"

导师肯定张俊的科学精神时，没有选择空泛的表扬词，而说张俊"实实在在"地在实验室里待了七小时，"而且一刻也没有休息"。抓住时间这个具体入微的细节，让赞美显得更加别致和用心，这无疑是对张俊行为的最好肯定和最好表彰。

实实在在
七小时一
刻无休。

老师您都看到啦！

在《中国好歌曲》第二季周华健导师组组内决赛导师投票环节，刘欢说学员戴荃的歌"先铺排了一个环境，最后再表露出他的情感"，对这种新的玩法大加赞叹。在把票投给戴荃后，刘欢又说道："我补充一下，因为这首歌我刚才在听的时候，我就注意到它的编曲，后来我向华健大哥求证了一下。这首歌的编曲也是戴荃自己完成的。编曲的设计非常精细，每一个音色，每一个小地方，都非常讲究，很独到。这个是一个音乐人能力的表现，所以我这一票投过去。"

刘欢导师陈述自己投票给戴荃的理由，他选取的是编曲这个具体入微的细节，说自己经过求证，是戴荃自己完成。刘欢导师称赞戴荃的编曲"非常精细""非常讲究""很独到"，这实则是通过编曲这个关键点来肯定戴荃的音乐才华。这种具体而细心的肯定，比空泛的"感动"更打动人。

——材料选自《演讲与口才》（学生版）2019年第1期赵恒平《具体入微的赞美更深刻》

主编提点：

赞美别人，要具体入微，抓住对方身上的一个特点、一件小事来进行赞美。你赞美得越具体就越有说服力，越能打动人。赞美时，抓住极易被别人忽略的具体细节，就像美国管理学家内梅罗夫博士建议的那样，说一百遍"你真漂亮"，不如说一句"你今天的衣服搭配得很时尚"。

4. 称赞式批评比直言指责更见效

美国哲学家和心理学家威廉·詹姆斯说："真正的文化以同情和赞美为主，而不是以憎厌和轻蔑为主。"人与人之间的交往，也应该以同情赞美为主，称赞不但对人的感情有帮助，而且对人的理智也起着很大的作用。

宋朝时，邯郸爆台寺有个云水禅师，是个盲人。有几个调皮的年轻人在爆台寺附近的村子里装神弄鬼，搞得人心惶惶。云水禅师不相信世界上有鬼。就在一个傍晚时分来到那里，他打算彻夜坐禅，以消除人们心头的顾虑。

那几个年轻人窃笑，打算好好地整他一番。半夜时分，他们轻手轻脚地向云水禅师靠近，然后将手掌放到云水禅师的脑袋上，口中还发出种种惊悚的"鬼叫"。云水禅师一点也不惊慌，只管喃喃念经。年轻人见云水禅师一动不动，觉得很扫兴，就悄悄地离开了。

第二天，村民见云水禅师居然在这里坐了一夜的禅，就关心地问他："听说这里闹鬼，你怎么敢在这里坐禅？你没有遇见鬼吗？"云水禅师哈哈一笑，说："我没有遇见鬼，倒是遇见了几个调皮的年轻人，他们还把手放在我的脑袋上呢！"村民纳闷地问："你怎么知道那不是鬼？你根本看不见他们呀！"云水禅师说："我感受到了手的温暖和善意，鬼怎么会有那么温暖的手呢？"村民们这才明白过来，所谓闹鬼，只不过是几个调皮捣蛋的年轻人在作怪罢了。

那几个装神弄鬼的年轻人，听说云水禅师居然称赞他们温暖而善良，心里非常惭愧，再也不出来捣乱了。

批评当有与人为善的精神，不可求全责备。云水禅师面对年轻人的恶作剧，没有直接批评指责，因为他不想和不懂事的年轻人斤斤计较。云水禅师还称赞对方温暖而善良，感动了这些年轻人，让他们不再调皮捣蛋，转向规矩、善良。

西塞罗是古罗马时期的著名哲学家，他出生于一个富裕的上层家庭，父亲是很有威望的执政官。然而，西塞罗小时候却是一个顽劣不堪的小男孩，特别喜欢掏鸟窝，经常把掏出来的鸟蛋煮了吃。父亲很想教育他改掉这个恶习，但一直没能想到一个有效的办法。

有一回，西塞罗掏了个麻雀窝，看到麻雀太小，就把它送回了窝里。这一幕刚好被从外面归来的父亲看到了，父亲走到西塞罗身边称赞道："真没想到，我的儿子已经拥有了先贤的美德，真是可喜可贺！"西塞罗听后一头雾水，纳闷地问："爸爸，我只不过没有掏到鸟蛋，而这只麻雀又太小了，我就把它放回去了，这和先贤的美德有什么关系？"父亲笑着说："你见麻雀太小就将其放回，这就是怜悯幼小的慈爱之心啊！你对小动物尚且心怀仁慈，何况对人呢？所以我觉得，你已经拥有了先贤的美德！"

一番出乎意料的赞美，让西塞罗不好意思地笑了。从此，他不再掏鸟窝玩，立志恪守先贤的美德，并将其发扬光大。后来，他真的成了一位了不起的哲学家。

要想改变人而不指责，请关注他们最微小的进步，并加以赞美。其实，西塞罗把小麻雀放掉只是无心之举，如果父亲对此视若无睹或严厉批评，教育效果一定不会好。但他从中看到了儿子的小善举、小进步，机智地把它扩大成先贤的美德，最终让西塞罗整个人由里到外都发生了巨大的改变和进步。

——材料选自《演讲与口才》（学生版）2018 年第 12 期
武俊浩《称赞式批评，比直言指责更见效》

主编提点：

云水禅师与人为善，称赞调皮的孩子温暖善良，让孩子们改正了错误；父亲关注西塞罗微小的进步，称赞他有先贤的美德，促使西塞罗做出改变。

总结：相比于直言批评，称赞式批评更能打动对方的内心，激发起对方主动追求美好的积极性。

5. 赞美型调侃，别人更爱听

有时候，调侃是搞活气氛的润滑剂，但很多人的调侃却往往流于贬损，让对方不舒服。抱持善意，用赞美的话语去调侃对方，往往能一箭双雕，效果更佳。

王林教授是研究中国传统文化的专家，一次学校让他主持一个学术研究项目。系里的同事们都向王林教授表示祝贺，他的好友常亮也说："王林教授主持过不少学术研究项目，但我觉得这个项目是最适合他的。"接着常亮指着王林教授锃亮的光头，调侃道："这个项目是一个全新的领域，可以说是在漆黑的夜里摸索着探路，所以必须有一盏智慧的'明灯'给大家指路，领导们这回可算是找对人了！"办公室的人都哈哈大笑起来，王林教授也笑了。

常亮调侃王林教授的光头，并不是为了贬损对方，而是为了以此来赞美王林教授的智慧和学识，以及在项目研究中的带头作用，既活跃了气氛，也令王林教授感受到了他的善意。生活中，我们有时候会拿别人身上的某些特点进行调侃，很容易含有贬损的意味，该怎么办呢？不妨像常亮这样，把赞美和调侃结合起来，这样就能避免调侃中有贬损的意味，不让对方反感。

古清远和余光中是好友，余光中经常打趣他。一次，古清远在香港中文大学宣读论文，一下讲台余光中便跟他说："古先生，你的演讲真是'如雷贯耳'呀！"古清远连忙客气地说："你过奖了。"余光中解释说："我是说你嗓门大，演讲时又离麦克风太近，把我的耳朵都快震聋了。"说完，两人都哈哈大笑起来。

余光中其实是想用调侃给古清远提个醒，告诉他声音太大了。可即使是指出对方的缺点，余光中也先从赞美说起，这样就先奠定了友好愉快的基调，即使后面说出缺点，也不会让对方过于难堪和尴尬。即使是真的要指出对方的缺点，也要先用调侃的语气赞美对方，这样才不至于破坏谈话的氛围。

韩国影星李敏镐参加湖南卫视的《快乐大本营》，现场的粉丝们反应十分强烈。主持人李维嘉调侃道："这节目太好录制了，基本上李敏镐说1句，下面欢呼10分钟，李敏镐说9句，90分钟就结束了。"一番话令大家都笑了。

李维嘉的调侃为什么能令李敏镐高兴？就是因为他的话不仅幽默，而且用夸张的手法突出了粉丝对李敏镐的喜爱，既是在调侃，又是在赞美。谈话中，我们难免会有意无意地调侃一下别人，但有时我们会因为一时不注意，言辞不当，在调侃中蕴含贬损的意味，而令对方不高兴。调侃他人，不妨像李维嘉一样，把赞美和调侃结合起来，赞美型调侃对方一定会更愿意听。

——材料选自王二奎《赞美型调侃，别人更爱听》

主编提点：

生活中我们难免会去调侃别人，但是有些人的调侃是以损为主，这样虽然可以达到幽默的效果，但是很容易伤人。所以，最好的调侃其实是赞美型调侃，将赞美别人的优点和调侃结合起来，既能有幽默效果，又能让别人打心眼里爱听。

6. 跟王熙凤学"高级夸"

《红楼梦》中能说会道的人不少，小姐里的黛玉、宝钗、探春等，丫鬟里的晴雯、麝月、小红等，这些都是伶牙俐齿、能言善辩之人，就连一向与世无争的李纨，在节骨眼儿上说上几句话，也是沉甸甸的够分量。不过，在所有这些人中，论最能说、最会说的，还是要首推凤姐。

这一天，史湘云请贾母、王夫人等赏桂花、吃螃蟹，酒宴设在了邻水而建的藕香榭。贾母一时触景生情，对众人说道："我先小时，家里也有这么一个亭子，叫作什么'枕霞阁'。我那时也只像他们这么大年纪，同姊妹们天天玩去。那日谁知我失了脚掉下去，几乎没淹死，好容易救了上来，到底被那木钉把头碰破了。如今这鬓角上那指头顶大一块窝儿就是那残破了。众人都怕经了水，又怕冒了风，都说活不得了，谁知竟好了。"

这番回忆，在贾母只是触景生情的随口一说，不过，她的这随口一说，却给众人出了一个不大不小的难题，因为这话实在是不好接。我们设想一下，换成我们现在的聊天，听到有人这么说，我们会怎么答呢？一般人脱口而出的答案，不外以下几个版本——

兴奋版："是吗？你还有这段子呢？太有意思了！"

智慧版："这真是大难不死必有后福啊！"

敷衍版："没事，没事，一点都看不出来。"

换位版："我的天呀！太危险了，我都替你捏把汗！"

现在，我们把场景转换过来，上述这些版本的回答用来接贾母的话合适吗？没一句合适的！首先，贾母是老祖宗，不能和她随随便便，没大没小，当然更不便去评论她头上的伤疤；其次，贾母无论在娘家还是在婆家都享尽了荣华富贵，福和寿都是明摆着的，说"大难不死必有后福"则寡淡无味，关键是死啊活啊的话，贾母上了年纪的人肯定忌讳。

这么说也不行，那么说也不好，难道要冷场，欢宴变"尬聊"？当然不会，因为有凤姐在。凤姐是不会让贾母的话掉在地上的，我们来看看她是怎么接的——

小时候磕个窝儿，留着现在盛福寿呢！

凤姐不等人说，先笑道："那时要活不得，如今这大福可叫谁享呢！可知老祖宗从小儿的福寿就不小，神差鬼使碰出那个窝儿来，好盛福寿的。寿星老儿头上原是一个窝儿，因为万福万寿盛满了，所以倒凸高出些来了。"

这几句话接得真是太妙了！其实，凤姐切入的角度还是福寿的角度，对于贾母，应该说这是最合适的角度。但是，凤姐的这几句话比"大难不死必有后福"高明太多了，因为她找了一个可以让贾母这样大福大寿的人仰望的参照——寿星老儿。王熙凤说贾母儿时的落水为的就是像寿星老儿那样撞出一个盛福寿的窝儿来，寥寥数语之间就把危险变成了吉祥，而且还暗指贾母的福寿还没到头呢，也会像寿星老儿那样万福万寿都装不下了。您说贾母听了这话能不高兴吗？

——材料选自《演讲与口才》（学生版）2018年第6期文若何《跟聊天高手凤姐学"高级夸"》

主编提点：

在通常情况下，我们赞美人往往习惯说他（她）是最好的、最棒的，通过今天这个《红楼梦》里的故事，我们又有了一些新的启示：对于年长的、有身份的人，他们的好与棒是明摆在那里的，不用多言。这时，我们可以学学凤姐，找一个比这些人更高、更有说服力的参照，用这个参照去完成对他们的高级别赞美，让我们的语言更得体，让别人听起来更舒服。

7. 先栽花，后挑刺

先栽花，后挑刺，是指我们在劝人的时候可以先肯定对方，然后再找出刺的所在。栽花在前，挑刺在后，栽花的目的是为了方便挑刺，可见花儿栽得好，挑刺会让人乐于接受，也能达到预定目的。

林清玄在读书的时候，学业和操行都是学校劣等，还曾被记了两大过，是老师眼中不折不扣的坏学生。他自己也自暴自弃，很不看好将来的人生。后来班上新换了一名教授国文的老师，在了解到他的情况后，专门把他叫到办公室，说："我教了50年的书，可以说是阅人无数，但我看到你的第一眼就知道你是个会成器的学生。"看到他一脸的怀疑和不屑，国文老师接着说，"但成器是有前提的，那就是你要懂得改正以前的坏毛病，努力去做正确的事情，如果不去改正，不勤奋努力，再好的天分也是白搭。"

回去之后，他好好回味了一番国文老师的话，觉得在理，从此就开始改变自己，最终成了当代著名的散文大家。

国文老师劝说林清玄的方式说白了是先栽花后挑刺，栽花在前，让人看到了希望，听后心潮澎湃，紧接着落到实处，把刺挑出来，让人明白自身存在的问题和缺陷。他先表示林清玄日后一定会成器，而后把前提条件亮出来，如果做不到，那就不会取得成功。这样的劝说方式，花栽到了人心中，刺的疼痛自然减轻了不少。

张强有一位朋友，向别人借了一笔钱，说是创业需要资金，并且承诺一年后还。谁知一年之后，他非但不还，相反还振振有词地言说别人家财万贯，这点钱原本就是资助自己的。知晓这件事后，张强觉得有必要劝说朋友一番，他说："你创建的那家公司我了解，前途可是一片光明，估计用不了多长时间就会成为业界翘楚。"朋友听了不由得扬扬得意，他接着说道："其实一家公司的成功，与创业者的良好品质是分不开的，你讲诚信，那么你的公司理念就会嵌入诚信的因子；你不讲究诚信，那么你的公司也会被人贴上欺骗的标签。后者将会是行之不远的。"听了张强的一番话，朋友羞愧不已。过了没多久，张强就听说他不但把钱还给了人家，还支付了一笔利息。

劝人绝对是件技术活，劝的方式用得好，那么效果就会好，如果方式用得不好，那么效果定会不佳。张强的重点是劝朋友要讲究诚信，把钱归还给人家，但他一开始却是评价朋友公司发展前景很好，这样的话语任谁听了都会高兴，然后把话锋一转，从正反两方面言说了讲究诚信的重要性。这正是先有了花，才刺出了良好的效果。

——材料选自《演讲与口才》（学生版）2017 年第 12 期

一念清凉《先栽花，后挑刺》

主编提点：

无论是林清玄的老师还是张强，都是通过赞美，给予了别人鼓励和肯定，让对方看到自己的未来是光明的，前途无限。接着，他们再指出对方的错误，告诉对方改正现在的缺点对将来大有好处，他才会更有改正的动力。

8. 让赞美一波三折

先抑后扬，是指赞美一个人之前，先批评他，在谈话中适时运用，可以起到直抵人心的效果。好事留在后面做，好话留在后面说。人际交往中，先抑后扬式赞美，易得人好感，是人际交往的润滑剂。

电影《大灌篮》剧组在上海举行新闻发布会时，一个记者问："王刚先生，你喜欢周杰伦的歌吗？"王刚不假思索地说："我要喜欢他的歌，那我成怪物了。"当时，周杰伦很诧异，但是王刚话锋一转："虽然我不听他的歌，但是我挺喜欢这个人的。他是个极其成功的歌手、音乐人，他那种敬业精神，我觉得值得年轻人去学习。《大灌篮》我没有参加几天，但周杰伦的行事作风和艺术修养给我留下了深刻印象。我们俩有几场对手戏，知道在拍摄现场他是多么投入吗？导演都已经通过了，他还不放心，说：

'导演对不起，回放一下。'看完了，沉吟一下，说：'导演，能不能再给一次机会？'瞧人家这话，既婉转又得体，又透着自己的那份主见。"

王刚的第一句话"我要喜欢他的歌，那我成怪物了"，让周杰伦大吃一惊。但是王刚接下来却说"虽然我不听他的歌，但是我挺喜欢这个人的"。王刚话锋一转，随后列举出周杰伦拍戏时的敬业和谦逊，透露出的是对周杰伦的钦佩和真诚赞美。这种先抑后扬的赞美术，别开生面，给人深刻印象，也令人口服心服，让赞美的效果尺水兴波。

乔布斯曾经因为手术离开苹果公司两个月，库克代为管理公司。其间，库克对苹果公司的管理方式进行了更新，因为有一些高层人员严格按照乔布斯的模式工作，库克调整了部分人员的岗位，很多人等着看他出丑。乔布斯回到公司后，在高层会议上说："我创建苹果公司很多年了，这次离职时间虽然不长，但感觉到了很多变化。库克，你的胆子可不小，连我的一些流程都公开更改。"所有的人都沉默了。乔布斯说："可是我的一些规定也很可能过时了，有些方法我来用就有效，库克来用可能就会出错。作为一个优秀的管理者，就需要有这种胆量，敢于破除陈旧的规定和约束，才能让新的模式产生，促进公司的更新换代。库克，就是这样一个优秀的管理者。"现场响起了一片热烈的掌声。

你的胆子可不小！

乔布斯离职，库克对苹果公司做了大量的调整。乔布斯在公司会议上，首先说"你的胆子可不小"，批评库克更改自己的流程。但是随后话锋一转，由此及彼，指出自己的方法也会过时，称赞库克是一个优秀的管理者。这样先抑后扬，不仅封住了很多高层的嘴，维护了库克，又为后面的赞美做好了铺垫，让赞美掷地有声，产生更好的说话效果。

——材料选自赵爱平《让赞美一波三折》

主编提点：

所谓"文似看山不喜平"，有时候太过直白的赞美也会显得枯燥乏味。我们可以设计一些小波折，用欲扬先抑的方式，给人一种尺水兴波的感觉。当然，使用这种方式要注意分寸，在抑的时候不要过度，否则会适得其反。

第五章

会沟通，要学会玩幽默

萧伯纳说过："没有幽默感的语言是篇公文，没有幽默感的人是尊雕像，没有幽默感的家庭是间旅店，没有幽默感的社会更是不敢想象的。"如果人人都有幽默感，那纷争何愁不会化解，隔阂何愁不会消除？

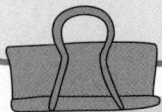

沟通力进阶到最高段位，要不成为说话极具智慧和哲理的思想家——这种人往往是精神的摆渡人，要不就成为一个幽默大师——这种人则是大隐隐于市的生活家！

对于沟通力而言，幽默是人们在社交场上所用的最好的钥匙，帮助人们打开交际之门。对于人生而言，幽默是生活波涛中的救生圈，助我们乘风破浪，到达我们心所向往的地方。对于思想而言，幽默是一颗钻石，可以折射一切智慧的光芒。对于个人而言，幽默是一个人最好的表情、最隐藏的智慧、最高级的情商。

好看的皮囊千篇一律，有趣的灵魂万里挑一。微笑是最好的表情，赞美是最好的语言，幽默是最好的人格。从现在起，试着幽默一点，你的世界一定会有更多色彩！

1. 幽他一默又何妨

幽默是一个人亲和力的体现，也是机智思维的象征。乡间流传一句话：幽默的女人不愁嫁，有趣的男人运气不会差。幽默感既是交际的黏合剂，也是应对尴尬、紧张，调节气氛的良方。恰到好处地幽他一默，也可让不愉悦的氛围烟消云散。

著名小说家莫泊桑在刚刚成名时，应朋友邀请去参加一场笔会晚宴，当宴会快要结束，他向几位女士敬酒时，其中一位女士不无讥讽地说："莫泊桑，我觉得你的小说写得也不怎么样嘛，还没有你的胡子修饰得好看。"

没想到，莫泊桑毫不在意地笑着说："我修饰胡子，就是为了能给那些不欣赏我文学的人留一个好印象。看来效果还不错。"原本降到冰点的气氛瞬间升温，一场不快被轻描淡写地化解。

那位女士意识到了自己言辞的不妥，同时也被莫泊桑的幽默风度所折服，主动来向他道歉。

面对嘲讽，如果莫泊桑生气地强硬反击，不但会引发矛盾和争吵，而且会破坏现场的气氛，给所有人留下不好的印象。他索性顺应了这位女士的话，顺水推舟地幽默一把，既让自己从尴尬境地中跳脱出来，又向众人展示了非凡的气度和机智应变的能力。在生活中，如果遇到不愉快的事情，没有比幽默豁达更高效的化解方式了。

在一场艰难的攻坚战后，拿破仑给军队举行庆功仪式。那一天军旗飘扬，拿破仑手端酒杯向每一位在战争中立下功劳的军官和战士敬酒。有一名叫作雷诺的士兵，因为统帅亲自敬酒，按捺不住激动的心情，想要上前一步。没想到脚下一滑，不但酒杯打翻在地，酒也洒到了拿破仑的身上。场面十分尴尬，在场的军官面面相觑，不知怎么办才好。没想到拿破仑并未急于接过副官递来的毛巾，而是突然高举双手，幽默地说："大家看，有这么迫不及待的英勇战士在，我们法兰西的酒何愁洒不到全世界呢？"他话音刚落，全场掌声雷动。

我法兰西的酒何愁洒不到全世界？

在沟通过程中，只有幽默的睿智，才可以瞬间将尴尬变得温馨自然。庆功宴上士兵的这次失误，无疑是非常掉士气的事情。可在众目睽睽之下，拿破仑并未因为被这次小小的插曲扫了兴而发怒。他把士兵的急迫和士气的鼓舞对接起来，用诙谐的语调讲出，反而使这一幕小小的失误，成为庆功仪式上热烈气氛的轻松"佐料"。

——材料选自文锦《幽他一默又何妨》

主编提点：

幽默是生活中的润滑剂，无论是出现口误，还是遭受讽刺，自己或者他人在一些庄重的场合出了丑，都可以用幽默的方式巧妙化解。学点幽默技巧，在一些尴尬的场合，不要一副手足无措的样子，而要说一两句幽默的话调节气氛，这才是具有智慧的谈话者最爱做的事。

2. 幽默有术

幽默虽然很难用一种模式加以限定，但是作为一种表达技巧，还是有章可循、有法可依的。下面我们来介绍几种常见的幽默方法。

引申法

有个白人牧师是虔诚的基督徒，也是一个狂热的种族隔离主义者。一天，他遇见了黑人领袖，讥笑说："先生既然有志于黑人的解放事业，何不迁到黑人聚居的非洲去？"黑人领袖回答："牧师既然有志于灵魂的拯救，何不进入灵魂最多的地狱？"白人牧师十分狼狈。

在这里，黑人领袖不是直接指出牧师观点的荒谬性，而是将他的问话加以引申，推导出牧师应下地狱的结论，从而有力地回击了对方的挑衅。

旁敲侧击法

村里有位老人年轻时当过兵，身手敏捷。有一天刚下过雨，村路泥泞湿滑，老人行走到拐弯处，突然发现有辆汽车直接朝着他慢慢开过来。老人来不及躲闪，只好一跃而起，抓住雨刮器，趴到了引擎盖上。车停下之后，老人第一句话是："行啊！年轻人，下雨天还敢开车来试我身手，我这要是反应慢点，你就出名了。"

老人没有大发雷霆，破口大骂，而是风趣幽默，旁敲侧击。语言极轻松，分量千钧重。如果想打破尴尬的气氛，或想让别人更快地接纳自己，那么最好的方法就是幽默。如果说人的心理是把锁，那么幽默就是打开这把锁的钥匙，懂得幽默的人必然会受到别人的欢迎。我相信你也会的。

避实就虚法

1972 年美国总统尼克松首次访华。他和毛泽东会谈后的第二天，兴致勃勃地游览了万里长城，尼克松爬了一会儿就停下来，美国哥伦比亚广播公司的播音员克朗斯主持现场直播。他见状，为了增强转播效果，使气氛更活跃，幽默地问尼克松："总统为什么不爬向最高峰？"面对克朗斯伸过来的话筒，尼克松从容答道："我昨晚与毛泽东主席的会谈已经是最高峰了，没有必要再来一次高峰了！"这一回答，赢得了在场人员的热烈掌声。

尼克松有腿病，再往上爬，力不从心，但在那样的场合下，如实回答就会大大损害总统在国民心目中的形象。尼克松的回答，机智就机智在他没有实话实说，而是从"高峰"一词的比喻义角度进行联想，宕开一笔。而他所说的"高峰"比主持人所说的"高峰"意蕴更深厚，同时又切中当时访华这一政治背景，真是高哉，妙哉！

正话反说法

有位导演拍的片子很烂，他去电影院看观众的反应，发现很多观众没看完就提前退场了。导演郁闷地问一位朋友："你对我拍的影片有什么看法？"

朋友说："很好呀！大家都说您拍的电影总是说出观众所想，与观众的欣赏水准非常一致。"

导演问："那么为什么影片没放完，人就走得差不多了呢？"

朋友说："因为影片怎样结尾，观众早就料到了，这简直是导演和观众心有灵犀一点通。"

导演听了，讪讪地笑起来，明白是自己的影片太没新意。

如果朋友直言片子很烂，多少会让导演难堪。可他正话反说，用称赞的方式，从侧面指出影片的内容毫无新意，这样既说明了问题，又照顾了别人的面子。正话反说的一个妙处就是委婉，将一些可能引起别人反感的话，换成对别人赞美等别人爱听的方式，委婉地表达出来，这样更利于别人接受。幽默不伤人。

幽默是一种优美健康的品质，也是现代人应该具备的素质。只有具有渊博的知识、高尚的情趣、宽阔的胸怀、丰富的想象，并且对生活充满信心与热情，才能使自己的语言幽默风趣、自然洒脱，给自己也给他人带来乐趣。

——材料选自《演讲与口才》（学生版）2018 年第 10 期乔明《幽默有术》

主编提点：

将对方的话语引申出特殊的含义，制造幽默；正话反说，制造幽默；通过旁敲侧击，制造幽默；避实就虚，通过联想，制造幽默。

总结：幽默的话可以活跃气氛，给人带来快乐，在日常交际中，我们适当制造幽默，会让沟通更顺畅。

3. 巧用修辞，让幽默更生动

一个人说话，如果平铺直叙就显得单调乏味，就算是再有道理，也很难让人听进去，甚至让人产生反感。但是，如果懂得用修辞手法来诠释你的语言，你的话就会变得活泼俏皮，形象生动，更容易让人接受。

夸　张

前些日子，戴军接受了一次采访。当记者说及现在娱乐圈的一些现象时，戴军说道："娱乐圈是个大圈子，有点复杂，你要我谈看法，我怕我说不好。我给你说个段子吧，我觉得挺有意思的。你知道造型师勒明琦吧？勒明琦是我见过最有趣的造型师。《超级访问》八周年纪念日那一天，李静策划了一个大派对，众星云集，化妆室远远不够用。一个大房间，艺人带助理带造型师，挤作一堆。这时，王璐瑶看了一眼，问勒明琦：'你说我是不是太久没出来混了，这么多新人，都没见过。'勒明琦慢悠悠地说：'姐，别急，一会儿化完妆全是熟人。'"

　　戴军谈到娱乐圈现象时，以小见大，叙述了一个幽默的不化妆不识人的小故事，犀利地指出了娱乐圈的一些虚假现象。戴军并未用半句肮脏言辞，而是在嬉笑言谈间，用一个夸张的手法，就将一个严肃、让人不愿谈及的话题，巧妙地指了出来，可谓四两拨千斤。

反 语

塞浦路斯岛的国王软弱无能，受到别国欺凌一再退缩忍让，但受了一位太太的讽谏后，变得勇敢有为。那是国王又一次受到欺凌的时候，那位太太对国王说道："陛下，我最近一直受人欺侮，我来您这儿，不是来求您替我报仇出气，只是因为听说您也经常受到别人的侮辱，所以特地来求您教教我，您是怎样把许多侮辱忍受下来的。那么我也许可以效法一下，受了别人的糟蹋，也会心平气和地忍受下来。天主明鉴，我是多么乐于把我身受的侮辱让给您呀，因为您的涵养实在是太好了呀！"

　　这位太太就是运用了反语的修辞手法。她并不是像字面意思那样赞美国王，而是在讽刺国王，指出国王受到屈辱都不懂得去保护自己的利益和人民的利益，这是一种胆小懦弱的行为。她的话强而有力地表达出太太愤愤不满的情感，更让听者受到触动，引发更深的反省。由此可见，在谈话中，如果懂得说一句反语，既能增强语言的说服力，还能增强语言的战斗力。

比　喻

　　《致青春》里有这样一个情节：郑微不喜欢对自己百依百顺的许公子，而主动去追求孤傲的陈孝正，结果惨遭蔑视。和郑微一起吃火锅的时候，好朋友黎维娟劝解郑微："我觉得吧，最好的男孩就像货架上最贵的水果，好吃，但是你得看看你有没有吃到的本事和实力。大家都是普通人家的孩子，谁也不是什么王公贵族的后代，所以，这就是一场博弈，关键是眼要准，手要狠，用最合理的价钱办最好的事。你也别盯着那最贵的，咱买不起，等到打折的时候都臭了；也别贪小便宜买那廉价的，吃一口你吐都来不及。正确的选择是广泛地进行市场调查，了解行情，该出手时就出手，用尽自己每一分钱，尽可能买到最值得的东西。"话音刚落，大家纷纷拍手称绝。

黎维娟将男孩比喻成水果，将女孩挑选男孩的过程比喻成挑水果的过程，巧妙地告知郑微要考虑清楚，寻找适合自己的人。精确的比喻，幽默又搞怪，让郑微认清了现实。同学们，我们在阐述某一个观点时，不要总是枯燥地说一大通大道理，那样往往引人反感。不妨运用比喻的方法来讲道理，言简意赅，轻松活泼，谈话自然有效果。

——材料选自蒋骁飞、罗加西《修辞，让你的话更有意思》

主编提点：

戴军用夸张制造幽默，太太用反语制造幽默，黎维娟用比喻制造幽默。

总结：修辞手法运用得当，不但能够表达观点，抒发情感，同时还可以起到幽默搞笑，让人愉悦的作用。同学们，这将有利于你与别人的沟通和交流。

4. 巧用双关语，话语更有趣

　　妙用双关语，可以利用字面的另一重语义把你表达的意思恰当地掩盖起来。这不仅使你的语言更饱满，更诙谐，更具感染力，还能让你在语言的选择和利用中陶冶情感、锤炼自我，做一个有涵养、有智慧的人。在沟通中，妙用双关语能曲折地表达思想感情，使语意更含蓄，说理更风趣，表达更犀利。

　　2018 年平昌冬奥会上，加拿大代表队多次遭到裁判的特殊"照顾"，在夺牌项目上屡屡被判违规。但是，在男子 5000 米接力赛中，加拿大队毫无争议地收获了一枚铜牌，不仅用实力证明了自己，而且在颁奖台上的举动非常惹人注目：在登上领奖台前，四名运动员戴着手套集体做出了擦拭领奖台的动作。现场观众对此表示不理解，而一位运动员答道："我们想把领奖台擦干净后，再登台领取我们的第 5 枚奥运奖牌。颁奖台实在有点脏，打扫干净后再堂堂正正地站上去。否则，就会把奖牌弄脏！"此语一出，世界一片哗然。

擦干净就不会把奖牌弄"脏"。

在表达受限的情境下，一语双关更加与众不同，它能曲折地表情达意。平昌冬奥会上，裁判的一些不职业作为虽然备受诟病，但是运动员如果直接发表对裁判的评价就会受到国际滑联严厉的处罚。加拿大运动员一语双关，由领奖台有形的脏到裁判判罚不公正无形的脏，巧妙地表达了自己的不满，取得了很好的表达效果。

周星驰是一代喜剧之王，想与其合作的艺人数不胜数，而能够进入周星驰"法眼"的演员也并不算多。但是，周星驰为了找黄渤出演《西游·降魔篇》中的孙悟空，曾三顾茅庐，为此，他说："黄渤现在是喜剧演员中的王中王，我看到文老板（文章）的时候，觉得他把我的演艺生涯给终结了，再看到黄老板（黄渤）的时候，感觉我跟文老板都没戏了。"一位记者打趣地问黄渤："这个评价你可以接受吗？"黄渤一脸坏笑地说："这有什么大惊小怪的，王中王？星爷这是在说我是火腿肠呢！顶多伴着泡面下肚，我就是这样的料！"话音未落，众人哄堂大笑。

记者提的这个问题很刁钻，如果说接受，黄渤会被视为不自量力，毕竟周星驰是公认的喜剧之王；说不能接受，又显得太过

谦卑，毕竟自己现在也是著名的演员。因此，黄渤巧用火腿肠的商标"王中王"回答，既没有抹了周星驰的面子，又不会给人留下自夸自满的印象，表达风趣幽默，彰显了生活的智慧。

杰拉尔德·福特接任美国第38任总统时，美国从越南撤军，《赫尔辛基协定》生效。美国国内通货膨胀，经济萧条，老百姓怨声载道，生活非常艰难。为此，福特采取了一系列积极的改革措施，取得了显著成效：遏制了经济的滑坡，失业率逐步降低，老百姓有了生活的安全感和幸福感，支持率节节攀升。一位记者采访他时说："您在短短的时间内，使美国走向了复兴，走向了辉煌，简直可以和林肯总统的成就相媲美。"福特耸耸肩幽默地说道："我是一辆福特，不是林肯。"话音未落，大厅里便响起了阵阵掌声。

福特总统在这里运用的就是双关语。众所周知，林肯既是一位伟大总统的名字，又是一种高级小汽车品牌；而福特则是当时一种普通、廉价而大众化的汽车品牌。福特总统的这句话，一是表示谦虚，二是标榜自己是一个受大众喜欢的总统。他巧妙地使用双关语，既耐人寻味，又能使生活充满情趣，让人会心一笑。

——材料选自《演讲与口才》（学生版）2018年第12期韩旭灵《巧用双关语，表达更出彩》

主编提点：

双关语有什么作用？隐晦地表达不方便明说的话；让话语更幽默，化解不好正面回答的难题；丰富话语的内涵，让话语富有寓意，耐人寻味。

总结：双关语可以使语言表达得含蓄、幽默，也可以加深语意，给人留下深刻的印象。

5. 善用比兴，话语妙趣横生

比兴，是一种重要的表达方法，就是借用彼言彼事比拟此情此景，以兴起阐发自己的思想感情。比兴，可以极大地丰富表达的意境，使谈话寓意深长，妙趣横生，引人入胜。

借事比兴

有一次，在启功新著《汉语现象论丛》讨论会上，学者们纷纷对这部令人耳目一新的著作给予高度评价。

讨论结束前，一直正襟危坐、凝神倾听的启老站起来，表情认真地说："我内侄的孩子小时候，他的一个同学跟他一块上家来玩。有时我嫌他们闹，就跟他们说：'你们出去玩吧，乖，啊？'如此几次，终于有一天，我听见他俩出去，那个孩子边下楼边不解地问：'那个老头老说我们乖，我们哪儿乖啊？'今天听了各位的发言，我的感受就像那孩子的，我不禁要自问一声："我哪儿乖啊？"这番话引得满场欢笑，也赢来了热烈的掌声。

我哪儿乖啊？

启功不愿让别人把自己摆上神坛膜拜，甘愿走下来谦卑做人，所以他能触景生情，联想到一则生活小事，顺势比兴，自嘲是"那孩子"，戏谑自己"哪儿乖"，令人忍俊不禁之余，传达了其谦虚，暗含了其感谢，表现出其童真般的风趣和幽默。一番话语，比兴精妙绝伦，意蕴深厚，令人拍案叫绝！

借典比兴

有一次，记者前往周有光家中探访，看到他在四间小屋子里都放满了书。这时，周有光幽默地说："以前还散步，现在基本上不下楼。不过，几个房间都有高高低低的书架，每天找书、搬书做运动。把看完、用完的各类图书放回原处也是一种体力活。古人有一个叫陶侃的以搬砖锻炼身体，他陶侃搬砖，我周有光搬书。人总是注意锻炼肌肉而不太注意锻炼头脑，不太动脑筋，脑子坏了，身体再好也没有用。"

> 看书锻炼大脑，
> 搬书锻炼肌肉！

周有光年老仍不知疲倦地读书、研究和写作，他巧借历史上陶侃搬砖的典故，譬喻类比自己是周有光搬书，不仅生动形象地描述了他的读书生活状态，而且表达了更丰富的含义，告诉人们要像锻炼肌肉一样锻炼大脑，这样人会变得更加聪明。一番话语，比兴自然贴切，言近旨远，令人掩卷深思。

——材料选自《演讲与口才》（学生版）2017年第12期石巧丽《妙用比兴，谈话引人入胜》

主编提点：

启功借事比兴，用幽默的方式表达了谦虚之意；周有光借典比兴，用幽默的方式阐述自己的观点。

总结：比兴可以让话语更幽默，也能让话语更含蓄、更富哲理。如果我们能够在谈话中运用一段比兴，将会使你的言语更富情趣和意趣，深深地感染人心，打动人心。

6. 扫兴的话，幽默地说

生活中，我们难免会说一些让别人扫兴的话。如果能把这些话说得幽默一点，效果就会大不一样！

《红楼梦》中，贾府元宵节开宴会，大家兴致很高，玩到了很晚，还是没有散的意思。这时，王熙凤却讲起了笑话，她说道："再说一个过正月半的。几个人抬着个房子大的炮仗往城外放去，引了上万人跟着瞧去。有一个性急的人等不得，便偷着拿香点着了。只听扑哧一声，众人哄然一笑都散了。这抬炮仗的人抱怨卖炮仗的扦得不结实，没等放就散了。"史湘云说道："难道他本人没听见响？"凤姐说道："这人原是个聋子。"众人听说，一回想，不觉一齐失声都大笑起来。王熙凤接着说道："外头已经四更，依我说，老祖宗也乏了，咱们也该'聋子放炮仗——散了'罢。"大家听了，哈哈笑起来，结束了宴会！

大家正在兴头上，如果王熙凤直接让大家散了，难免会扫大家的兴，让有些人不满。但是她先讲了一个笑话，活跃了气氛，接着再委婉地指出该散了，既表达了自己的意思，也没有引发大家的不满，一举两得！

部门完成了一个大项目，经理吴天鹏组织大家聚餐。吃完饭已经很晚了，但是有的同事还不尽兴，提议去通宵唱歌，很多人兴致高昂地响应。当时已经有好几位同事喝高了，吴天鹏考虑到安全问题，就想制止大家，让大家尽快回家休息。他说道："唱歌不算最高兴的，世界上最高兴的事是：金榜题名时，洞房花烛夜。今天咱们完成了大项目，那算是金榜题名时。依我说，大家再回去跟爱人分享自己的喜悦，才是最高兴的事！"有个同事说："我们单身的怎么过啊？"吴天鹏说："单身的回去睡个好觉，梦里啥都有！"大家听了哈哈大笑，也打消了一起唱歌的念头！对于兴致高昂的同事，吴天鹏没有直接制止，扫大家的兴，而是用幽默的话语，暗示大家该回家了，起到了很好的效果。

别人正在兴头上，你上去就泼冷水，很容易让大家厌烦。不妨换一种方式，先用幽默的话语，让气氛更活跃，保持大家的兴致，再用委婉的话语，暗示大家，让大家明白你的意思。

这样既不伤害大家的兴致，又能达到自己说话的目的，可谓一举两得！

——材料选自《演讲与口才》2017 年第 3 期亚明辉《扫兴的话，幽默地说》

主编提点：

幽默是话语最好的润滑剂。说扫兴的话就像给别人泼冷水，很容易引发别人的不满。这个时候，就需要幽默来救场。用幽默的方式，一方面扫兴的话不会那么直白，避免了和别人的正面碰撞；另一方面，你的幽默其实也是在释放你的善意，让大家在轻松愉快的氛围中感受到你的"扫兴"也是为了大家好，这样才能避免引发别人的反感。

7. 学一学吐槽

最近《吐槽大会》火了，很多明星参加了这档节目，他们不但吐槽别人，也吐槽自己。吐槽自己的时候还毫不嘴软，"自黑"得很彻底！他们吐槽的语言风格，不仅幽默而且具有讽刺意味，深受观众欢迎。

凤凰传奇自走红以来，一直被人们称为"彩铃歌手""广场舞歌手"，很多人说他们的歌太土。而他们的另一个槽点，就是在组合中，更多的是玲花在演唱，曾毅的歌词很少，存在感也弱得多。参加《吐槽大会》，曾毅就拿这两个方面做起了文章，他吐槽："很多朋友都说我们唱歌特别土，玲花还经常埋怨我。我就跟玲花说：'这歌土跟我有什么关系？我才几个词！'"一句话把在座的人逗得哈哈大笑。

幽默往往源于出人意料的表达。曾毅一开始说话，重点是在歌土上，大家以为他会就这方面进行自嘲。但是他却来了一个 180 度的大转弯，把吐槽的重点放在了自己歌词少没有存在感上，达到了幽默的效果！

陈汉典因为在《康熙来了》模仿嘉宾而走红，但是他模仿的嘉宾很多都是不那么红的艺人。参加《吐槽大会》，陈汉典说道："我最擅长的是模仿不红的人，因为模仿红的人，会被大家发现不像。"一句话令人哈哈大笑。

赵本山说："很多时候，讲真话就是幽默。你说一句真话，下面哄堂大笑。"走红的人，在大家眼前出现得比较多，因而模仿他们更容易被大家发现不像，这是个很朴素的道理。但是陈汉典说出来，却赋予了这句真话一个潜在的含义：自己模仿水平差，容易被人看出来。既是实话实说，又是一语双关，令人捧腹大笑！

苏醒因为参加《快乐男声》而走红，但是后来的发展并不是特别顺利。很多人说他过气了。在《吐槽大会》上，他调侃自己："在座的各位要不歌红，要不人红，要不造型红。我这种的坐在这里很紧张。但我有我的优势啊。我价格好。节目预

本人物美价廉，
主要是价廉！

算有限，本人物美价廉，主要是价廉！"观众席爆发出了热烈的掌声！

想要达到幽默的效果，有时候很简单，只要你舍得对自己下狠手就可以。面对那么多观众，苏醒先是扬，称自己有优势，接着他放下身架，自嘲"价廉"。这样的欲抑先扬，狠狠地调侃自己，起到了幽默的效果。他敢于拿自己开刀，很多人对他也终于黑转粉！

信提及自己被节目邀请的原因时，他这样说："请不到阿信就请信，那么当初请周杰的时候，是不是因为请不到周杰伦啊？"

华少在归纳哪些人会吐槽时，曾这样说："吐槽别人过气的，都是自己没红的；吐槽别人说话快的，都是自己嘴巴不利索的；吐槽《吐槽大会》的，那都是上不了《吐槽大会》的。"

信推己及人，因为名字的一字之差，由自己和阿信，想到周杰和周杰伦，这样的类推调侃了节目组邀请嘉宾的质量问题。华少的类比归纳富有逻辑性，一语中的，道出了吐槽者的微妙心理。

自夸不一定能为你赢得他人的喜欢，但是敢于"自黑"，用幽默给大家带来快乐的人，往往更受欢迎！君不见，那么多明星到《吐槽大会》玩"自黑"，却赢得了无数粉丝的喜欢和点赞，就是这个道理！

——材料选自亚明辉《学一学吐槽》、《演讲与口才》（学生版）2019年第4期丁爱华《制造幽默，吐槽也能让人接受》

主编提点：

吐槽是现在很流行的一种幽默手法，尤其是吐槽自己，适时地"自黑"一下，能达到很好的幽默效果。吐槽自己，首先向别人传达的就是你幽默乐观的态度，让别人更喜欢和你交流；其次，通过"自黑"式的吐槽，也能活跃现场的气氛，让大家交流的氛围更轻松更愉快，你也会成为更受欢迎的人。

8. 开玩笑的话茬怎么接

生活中，我们经常会遇到这样的情境：别人跟我们开了一句玩笑，可我们的回应却不恰当，没能接好话茬，反而让气氛尴尬，也让对方尴尬。其实，接开玩笑的话茬，也是个技术活儿，需要我们用心去揣摩。

郭德纲和孟非这两位光头主持人一起主持《非常了得》，在第一期节目上，郭德纲先调侃孟非，送了孟非一把梳子，说："千里送鹅毛，礼轻情意重。"孟非"以牙还牙"，送了郭德纲一顶假发。郭德纲忙说："你能把那梳子还给我吗？头发长见识短，像我俩这样的，见识肯定挺长。"

有时候，我们开别人的玩笑，别人会"以牙还牙"地开我们的玩笑，虽然会令气氛更活跃，但如果一直开下去却不太好。

郭德纲被"以牙还牙"后，巧妙地岔开话题，不再拿孟非的光头说事，反而用"头发长见识短"的俗语将话题引到了见识上，这就契合了节目知识答题的主题，令人回味无穷。

我俩见识肯定长。

　　巴斯比是一所学校的校长，他虽然个子矮小，却极具智慧。有一次他走进一家咖啡馆，因为顾客爆满，他就往里挤，这时忽然听后面有人叫道："喂，'巨人'，可以把我带到座位上去吗？"说这话的是一位身材高大的男爵。巴斯比应声答道："呵，'侏儒'，当然可以。"男爵忙上前解释："请原谅，我不是在取笑你的身材，我是指你的才智。"巴斯比回答："哦，没关系，我也不是指你的身材。"

男爵称巴斯比为"巨人"，调侃其身材的目的十分明显。但是巴斯比没有针锋相对，而是绵里藏针。他先是称对方为"侏儒"，接着称这不是指对方的身材，暗含对方是才智的侏儒之意。既给了对方一个软钉子，又不至于破坏气氛、引发争端，含蓄得体，殊为精妙。

皇甫嵩和董卓是东汉末年的知名军事人物。一开始，董卓是前将军，皇甫嵩是左将军，二人职位相当，互不服气。后来董卓被任命为太师，职位高过皇甫嵩。有一次，皇甫嵩遇到董卓，

按礼仪规定在车下拜董卓。董卓笑着问皇甫嵩："你现在还服我吗？"皇甫嵩回答："我没有想到您会到今天这个地步！"董卓又看着皇甫嵩说："鸿鹄一定有远大的志向，只是燕雀自己看不出来罢了。"皇甫嵩说："当初我与您都是鸿鹄。没想到您今天会变成了凤凰！"董卓一听非常高兴，就没有再纠缠下去。

董卓的玩笑看似是逗趣，其实咄咄逼人，意在贬低皇甫嵩是燕雀。而皇甫嵩却以退为进，在承认自己不如董卓的前提下，将自己和他相提并论——"都是鸿鹄"，又说董卓现在变成了"凤凰"，既避免了尴尬和被动，又巧妙地化解了对方的贬低。

可见，接好开玩笑的话茬，不仅可以使交流变得顺畅，避免尴尬，还能化解责难，甚至使玩笑成为赏心乐事，给生活增添情趣，何乐而不为？

——材料选自王崇凤《开玩笑的话茬怎么接》

主编提点：

孟非"以牙还牙"，郭德纲岔开话题；伯爵调侃巴斯比身材，巴斯比含蓄应对；董卓贬低皇甫嵩，皇甫嵩以退为进。

总结：面对别人开玩笑的话茬，我们不易直接反击，用幽默的方式应对，是最好的选择。

9. 用幽默扑灭父母的"战火"

　　和谐的家庭总是平静美好的，而不和睦的家庭却常常发生争吵。如果你不幸生活在不和睦的家庭里，要经常面对父母无休无止的争吵，你会怎样平息他们之间突然爆发的"战火硝烟"呢？下面几个劝解的小妙招，不仅充满了幽默调侃的色彩，还肯定能出奇制胜，让一场"家庭大战"转瞬间偃旗息鼓。

第一招：节外生枝

　　小时候，父母吵架闹着要离婚，我挺身而出，劝解道："真闹到要离婚的地步了吗？难道就不能打孩子一顿消消气吗？弟弟还那么小，你们打他一顿，他又不会记仇……"

　　"节外生枝"多指故意设置障碍，使问题不能顺利解决。

这位同学故意提出让父母打孩子一顿来出气的建议，让父母忍俊不禁，从而使双方剑拔弩张的紧张气氛得到缓解。

第二招：转移矛盾

我爸妈向来喜欢斗嘴，我最喜欢在一旁添油加醋。老爸说老妈太胖，我就说："是啊，妈妈你该减肥了。"老妈说老爸真丑，我马上接话："原来我长这么丑，都是老爸你的基因在作怪啊。"这样，爸妈把矛头对准我，他们之间的矛盾就缓和了。

说话转移矛盾，本来是把自己的矛盾变成别人的矛盾；而这位同学面对争吵不息的父母，却故意把父母之间的矛盾转化成自己和父母之间的矛盾。他这样做，虽然可能会受到父母的指责，却成功地化解了父母间的矛盾，平息了他们的争吵。

第三招：顺水推舟

上次爸妈吵架，两人吵得不可开交，我在旁边看着也不敢劝。他们两个你一句我一句，突然老妈词穷了，一时语塞。我也不知道怎么想的，突然蹦出来一句："妈妈，快点，该你啦。"他们听后哈哈大笑，然后"战争"也结束了。

顺水推舟，是比喻顺着某个趋势或某种方式来说话办事。这位同学顺着父母吵架的趋势说："妈妈，快点，该你啦。"

表面上看，他是在父母吵架的时候推波助澜，可实际上他却在把争吵推向荒谬的境地，让父母不得不住嘴罢战。

第四招：明知故问

有一次，我在自己的卧室里玩电脑，突然听到爸妈吵了起来，因为吵得厉害，我就打算去劝和。刚打开门，就听到我爸对着我妈喊："你能干点啥？生个儿子跟傻子一样！"我妈也不甘示弱，大吼："我儿子才不傻！你儿子才是傻子呢！"于是，我走上前，故作纳闷地问他俩："这个……请问，我是你们亲生的吗？"

这位同学明明知道自己是父母的孩子，但他还故意问父母自己是不是亲生的，这让父母意识到，他们刚才关于傻儿子的争论是不妥当的。人们在争吵时常常忘记一些最基本的东西，如果明知故问，提醒他们意识到不该忘记的东西，就能很快地平息双方的争吵。

生活中，老爸老妈经常因为一些琐事产生矛盾，给我们上演"口角之争"的戏码。怎样才能扑灭父母的"战火"？作为孩子，千万不要直接生硬地解劝，最好用一些幽默调侃的话语来劝说。

——材料选自武俊浩《幽默上阵，轻松扑灭父母的"战火"》

主编提点:

幽默是生活的救生圈,当父母发生了争吵,用幽默的方式,转移父母的注意力,缓解紧张的氛围,能很好地化解父母间的矛盾。幽默不但能平息父母间的争吵,还能让他们转怒为喜,进而化干戈为玉帛,让家庭气氛变得更加和谐、美满。